真剣に生理の話をしよう

子どもの自立につながる月経教育

鈴木なつ未
拓殖大学准教授・博士
（スポーツ医学）

時事通信社

・10代から50歳ごろまでの女性には毎月生理（月経）があります。
・それは健康の証。特別なこと、恥ずかしいことでもなく、当たり前のことです。
・3ヵ月以上月経が来なかったら、脳からのサインかも。すぐに受診しましょう。
・月経がつらかったり、普段と違うことがあったりする場合も、受診しましょう。
些細なことでも構いません。
・月経と上手に付き合うために、普段から記録して、自分を知ることが必要です。
・自分のからだを知ることで、自立し、成長することができます。

本書で提唱する「月経教育」をかんたんにまとめると、こういうことです。
でも、これだけでは月経教育は半分しか完成しません。
あと半分は何でしょう。それは、子どもと大人が、気軽かつ当たり前に、
月経についてオープンに話し合うことができるようになることです。

子どもたちのよりよい人生のために、
真剣に生理の話をしよう。

性別に関係なく、みんなで。今日から。
そのために大人ができることを、この本でお伝えします。

はじめに　月経について知ることが、よりよい人生につながる理由

私の「月経教育」原体験

本書をお手にとっていただき、ありがとうございます。鈴木なつ未と申します。

私は、現在、大学教員として女性アスリートのコンディショニングに関する研究と、(公財)日本スケート連盟(JSF)スピードスケート・ショートトラックの科学スタッフとしてアスリートのサポートに携わっています。「ノービス」と呼ばれる小学生の強化指定選手から、トップレベルのシニア選手まで、様々な世代の女性をサポートしています。それ以外にも依頼があれば、全国の講習会、学校、スポーツ団体などでも講演しています。

本書でお伝えする「月経教育」とは、そうした活動で蓄積してきた月経と上手に付き合う方法、さらに、その知識を人に伝え行動に移していくための知見です。

私の職業柄、スポーツをする女性の事例がやや多めに出てきますが、書いてあることは誰にでも必要な知識ですので、ぜひ、保護者、学校の先生、スポーツ指導者など、子どもの成長を見

守る立場にあるすべての人に、性別不問で読んでいただきたいと願っています。

本書を上梓するにあたり、私自身の初経発来からこれまでを振り返ってみました。

私は、小学校でいわゆる「女子だけ別室で初潮や生理用品についてなどの話を聞く機会」の前に初潮が発来していました。今でも強く覚えているのは、別室での話が終わり教室に戻ったシーンです。男子が「さも恥ずかしい話をしてきたんだろう」といった調子でからかってきたのに対し、私は「私もう生理来てるから！」と堂々と言い放ちました。するとからかってきた男子は目をまん丸くして面食らった表情で黙ってしまったのです（笑）。私がそんなリアクションをとれたのは、子どもながらに、生理＝大人になるために大切なこと、月経が来ていることを知られることは恥ずかしいことではないと考えていたためです。

これは紛れもなく母の教えのお陰です。私は幼いころから身体が大きく、身長が伸びるのも早い子どもでした。そのため、母は初潮も早いはずと考えていたそうです。母自身も、月経に悩まされていたこともあり（当時、子どもながらに大変そうなのが分かりました）、月経痛がひどい場合には鎮痛剤を服用すればよいこと、また生理用品も色々なタイプのものがあることを教えてくれ、実際に購入してくれたことをよく覚えています。母から学び、私は「月経とうまく付き合っていくこと」を考えはじめました。

大人になって実感した、学校で受けた月経教育の価値

その後、私は中高一貫の女子校に入学しました。入学後、「生理日誌」という冊子が配布されました。開いてみると、1年間の日付とマス目、備考欄がありました。養護教諭の先生から、そこに自分の生理が来た日と終わった日を記録し、マス目を塗りつぶすことで出血量を示し、備考欄には症状を記入するように言われました。この「生理日誌」は月に1度提出が求められ、高校を卒業するまでの6年間続きました。正直、当時の私は若干の面倒くささも感じながら記入していました。でも、今思えばこの生理日誌はとても貴重な経験でした。月に一度、否が応でも生理（＝自分の心身の状態）に向き合い記録する時間が生まれたからです。夏休みには、保健体育の宿題として基礎体温の測定が課されました。これも当時の私にはとてつもなく面倒に感じられるものでしたが（笑）、何とか頑張って続けました。

私は今も「人にすすめている以上は自分も」と思い、月経の記録（現在では日誌ではなくアプリで）と、毎朝の基礎体温の測定を続けています。測定したことがある方はお分かりかと思いま

すが、「毎朝体温を測る」という行動は、シンプルながらなかなか大変です（ですからたまに抜けても大丈夫。子どもが測定できたら根気よく褒めて喜びを分かち合っていただきたいです）。これが苦もなく続けられているのは、子ども時代に経験していたからだと思います。子ども時代に、一生役立つことを学べたことをありがたく感じています。

ちなみに、大人になって生理日誌をはじめとした学校での月経教育（当時はこのような呼び方はしていませんでしたが……）の意義が理解できたのは私だけではなかったようです。同窓会でも、「学んでよかった」「子どもにも同じことをしたい」と同級生たちと盛り上がりました。

大人になる前にもっと知っておけばよかったと思うこと

現在、私は女性アスリートのコンディショニングの研究やアスリートを支援する立場ですが、大学時代までは柔道に打ち込むアスリートでした。選手のころは、月に一度、大きな難敵が現れました。道着の白さです（苦笑）。どうすれば経血が漏れないか頭を悩ませたものです。

アスリートをサポートする側となった今、選手時代の自分に1つ知らせたいことがあります。それは、ピルの有用性です。

私は大人になり、ひどいＰＭＳ（63ページ参照）に悩まされるようになりました。また、ある時、選手からピルの服用についてアドバイスを求められたのですが、自分で服用したことがなく、効果や副作用について知識以上のことを伝えられませんでした。そこで、私は身をもってピルを試すことにしたのです。すると！　劇的にＰＭＳが改善しました。それだけでなく、海外出張が多い生活で、月経がいつ来るか心配したり、生理用品を持参したりといったストレスから見事に解放されました。

選手時代に、こんな対処法を知っていたら……。

月経痛や、道着の白さと闘っていた日々（苦笑）を振り返り、悩んだり苦しんだりすることなくトレーニングに励むことができたら、パフォーマンスも違っていたかもしれないとよく思います。

月経教育を通じて子どもの「自立」を育みましょう

そんなこともあり、私は、アスリートはもちろん、すべての女性に対して、競技環境や自分の人生をよりよくする力を身に付けてほしいと願い活動を続けています。

これまでの活動で感じたこと、学んだことは、「自分で自分の月経を知り、どうしたいか相談できるようになる」と、子どもは、アスリートとしてはもちろん、一人の人間としても成長できるということです。

私はよく子どもやアスリートたちに、「自分の体のことは自分にしか分からない」「自分の体のことは自分で決めよう」と話します。自分の月経を知る(=記録する)ことは、自分の体と対話することです。その状態を人に伝えようとすることは、自らの内面や感覚を言語化することです。そして、その状態をどうしたいか、そのために必要なサポートを他者に求めることは、自分のことを自分で決めて「自立」する行動にほかなりません。月経を考えることで、人は成長し、自立することができるのです。

リテラシー(literacy)とは、「あるものに関する知識やその『活用能力』」を指します。本書を通じて、月経についてのリテラシーを伸ばして、自らの意思で取捨選択をしていく子どもたちが少しでも増えれば、これほど嬉しいことはありません。読了後、皆さんで月経についてオープンにお話できる時間をもっていただけたら幸いです。

小学生の「ノービス世代」の強化合宿での講義

選手たちへ講義する著者

スケート関係者レクチャー

ジュニアワールドカップでのサポートの様子

ジュニア強化合宿で月経に関する資料に書き込みをする選手たち

ナショナルチームでの講義における個別相談

第2章 今さら人に聞けない「月経」の基本

第3章 「月経教育」をしよう①――基本編

第4章 「月経教育」をしよう② ―対処編

第5章 「無月経」の怖さを知ろう

第1章

いま「月経教育」が必要な理由

1 「月経教育」のファーストステップ

月経についてどう捉えていますか？

月経教育の基本＝「月経が来てよかった」と思えるようになることです！

2 「月経」についてのよくある誤解

性別に関係なく、月経についての誤った認識があふれています

大人が月経を理解していないと、子どもは悩みを打ち明けられません！

一人で対応しようと思わなくても大丈夫です（特に男性）

月経の感じ方は人それぞれです

「ピル」や「鎮痛剤」は、強い味方になります

3 「月経教育」の最終目標

月経教育の「最上位目標」は子どもの「自立」です！

私が見た、月経教育で自立したジュニアアスリートたち

読者の皆さんは、月経についてどれくらい知っていますか？　また、人に相談することができますか？　現在の学習指導要領では、小学校中学年で初経など、中学校で月経などについて学ぶことになっています。しかし、どこまで教えるかは学校や先生次第で、中には女子だけ集めて「こっそり」教えるといった学校もあります。そのためか、月経についての悩みを誰にも話せず、一人で抱え込んでいる女子も少なくないように感じます。ここでは、私がなぜ声を大にして月経教育の重要性を伝え、実践してきたのか、月経教育で目指すところをまずお伝えします。

1 「月経教育」のファーストステップ

月経についてどう捉えていますか？

女性は、成長とともに平均で12歳ごろに初経（初潮）をむかえ、その後、約1ヵ月の周期で「月経」を繰り返すようになります。月経とは、日本産婦人科学会において「約1ヵ月の間隔で自発的に起こり、限られた日数で自然に止まる子宮内膜からの周期的出血」と定義されています。しかし、この定義では知識や経験のない人（特に男性）には理解しづらいかもしれませんので、ここではごくかんたんに端折って説明します（詳しくは第2章で後述します）。

女性の体は、1ヵ月に1回くらいのリズムで、ホルモンなどの働きにより「子宮内膜」が厚くなるなど、妊娠してもよいように準備をします。準備をしたけど妊娠しなかった場合、必要なくなった子宮内膜が出血とともに膣を通して出ていきます。これが月経です。

男性に多い誤解なのですが、正常な月経は約1ヵ月のリズム（「月経周期」といいます）でやってきますが、いつはじまるかは正確には分かりません。また、出血は排尿のように自分で止めることはできず、自律的にコントロールすることもできません。

月経は、平均で50歳ごろになくなります(「閉経」といいます)。多くの女性は、妊娠期間中や産後などを除いて、長年にわたって月経とともに生活を送るわけですが(約40年間毎月5日間の月経期間だとすると、一生で延べ約6年半以上で、小学校生活より長いです)、月経は予期せぬ時にやってきて、体育の授業を休んだり、入浴をためらったりすることもあるため、月経を「面倒」「邪魔もの」と捉えている人も少なからずいます。

特に、スポーツ競技に取り組んでいる女性アスリートにとっては、月経は練習や大会本番でのパフォーマンスの「妨げ」に感じられることもあります。そのため「月経なんてないほうがよい」と思っている人がいるのも事実です。

また、月経によって何らかの「制限」を強いられている女性を見た男性にも、「月経って面倒なんだな」と思っている人がいるでしょう。

家族旅行にて…
温泉だ!!
女
男
女の人って
何か面倒なこと
抱えてるな〜
お母さん
大丈夫？
私はパス
（生理中だから）

しかし、月経が「面倒」「邪魔」という思い込みは、非常に問題があります。

例えば、陸上の長距離や、審美性が求められる体操、新体操、フィギュアスケートなどの選手では、ハードな練習でエネルギーを消費しているにもかかわらず、厳しい体重調整などでエネルギー不足になり、月経周期が乱れたり、最悪は「無月経」になったりするケースがあります。無月経は、エネルギー不足から生命の危機を感じた脳が、生命に不可欠ではない生殖機能を止めることで起きるものです（第5章で詳述します）。

月経をネガティブなものと認識していると、「来なくなってラッキー」と捉え、無月経を放置してしまう女性が、子どもだけでなく、大人にもいるのです。これは、アスリートとしてはもちろん、女性としての将来の健康まで危険にさらしてしまう行為です。

私が月経教育をおこなう上で、子どもや保護者、指導者の皆さんに最も強調しているのは「月経が来るのは健康の証」であり、「正常な月経を保ちながら競技やトレーニングを続けること」の大切さです。

月経は面倒なものではなく「健康」の証！

月経教育の基本は、まず、大人も子どもも月経について「月経が来てよかった」「健康の証」と、ポジティブなものと捉えることからスタートします。

具体的な月経教育の内容については順に詳しくご紹介していきますが、読者の皆さんには、まずこのスタート地点を確認してもらいたいと思います。

②「月経」についてのよくある誤解

性別に関係なく、月経についての誤った認識があふれています

ここで、私が実際に見聞きした、月経についての典型的な誤解をいくつかご紹介したいと思います。私はアスリートやスポーツ指導者への月経教育をおこなってきましたので、紹介するのはスポーツ界の事例ですが、一般社会でも同じような誤解はよくあるはずです。また、月経についての誤った認識をしているのは、知識のない子どもや、自分で体験できない男性だけではあ

りません。女性も誤解しているケースがたくさんあります。

ケース1　月経期間中は調子が悪い！　という思いこみ

私は月経教育で、「自分の身体は自分にしかわからない」ということを強調してお話ししています。なぜなら、女性は月経期間中には調子が悪いものだ！　と思いこんでいる人が少なくないからです。これは特に、月経を経験できない男性に多いように思います。

月経期間中に月経痛などに悩まされる人が多いのは事実ですが、月経期間中でも調子がよいと感じている人もいます。私が知るあるアスリートは、指導者の「調子が悪い」という決めつけに対し、「自分は大丈夫なのに」と戸惑っており、コンディション調整がかみ合わず悩んでいました。また、過去には「月経中じゃないと調子が上がらない。試合に向けて月経が来ないのが心配だ」という相談をしてきたアスリートもいました。

人によって調子の良し悪しは違います。一方的に決めつけて話をしないことが大切です。子どもが月経をどう感じているのか、月経中や月経前のコンディション（体調や状態）はどうなるのかということを、フラットな立場で把握し、誤解せずに対応したいものです。

ケース2　自分は月経で困ることがないので、他者の月経状態を理解できない（しない）

これは、アスリートが月経痛や月経前の症状を訴えても女性の指導者が月経に困る経験をしたことがなかったので、取り合わなかったケースです。まったく取り合ってもらえなかったアスリートは、二度と指導者に相談をしないと心に決めてしまいました。

月経は人により症状や状態が異なります。まったく月経痛がない人もいれば、月経痛で寝込んでしまう、月経前の様々な症状にひどく悩まされる人もいます。人によって異なる状況があるということを大人は理解しておかなければなりません。

特に女性の場合には、同性だからこそ理解できる部分もある一方で、安易に自分の経験を他者に当てはめてしまう恐れもあります。子どもの訴えは決して否定せず、そのまま受け止め、「個々の状況」を理解し対応することが大切です。子どもが安心して、積極的に相談し、考えていこうと思えるような対応を心掛けていただきたいと思います。

大人が月経を理解していないと、子どもは悩みを打ち明けられません！

月経が来てよかったと思えるようになることが月経教育の基本だと述べました。そのための最大の秘訣は、大人が月経について正しくかつポジティブなものであることを理解し、相談しやすい関係を築いておくことです。

経験に基づいた個人的な実感ですが、好成績を残すトップアスリートほど、月経についてしっかりと理解しており、何か問題があればすぐに専門家に相談するなど、上手に付き合うことができているように感じます。トップアスリートは、周囲に理解がある専門家が多く、オープンに相談できる環境にアクセスしやすいという面も関係していると思います。

一方、部活や地域のクラブ、サークルなどで活動する子ども、大学生の中には、月経について なかなか周囲に相談しづらく、痛みがあっても誰にも言わずに我慢したり、悩みを抱え込んだりしているケースも多々あります。私が講演や指導などでたまたま訪問し、専門家だと知ると、一気に不安を吐露する子も少なくありません。しかし、本来望ましいのは、子どもが気軽に周囲の大人に相談できるという環境です。

特に、前ページのイラストのように「我慢が美徳」「(無理をしても)頑張る気持ちが大事」という価値観をもつ大人には、「言わないほうがよい」「弱音を吐くと叱られる」と考え、子どもはなかなか言い出せなくなっているようです。

月経について相談できる、理解を示してくれる、改善の方法を示してくれる大人が一人いるだけで、子どもはとても安心できます。本書をお読みの大人の方は、ぜひ、そのような存在を目指していただけると、とても嬉しいです。

一人で対応しようと思わなくても大丈夫です(特に男性)

ここで誤解してほしくないのは、すべての大人が、月経についての専門知識を身に付け、子どもからの相談に乗れるようになるべき、と言いたいわけではないということです。どうしても月経について話をしづらいという方（特に男性の保護者や指導者）もいらっしゃることでしょう。

そんな場合は、自分一人で対応する必要はありません。信頼できる専門家や、「女性アスリート外来」などの専門機関を紹介するなど、対処の方向性を示せるようになるだけで、子どもたちは格段に悩みを打ち明けやすくなります。地域の専門家とつながれるよう、情報収集をしていただければと思います。

月経の感じ方は人それぞれです

31ページでもご紹介しましたが、月経についてよくある誤解の1つに、月経期間中はスポーツで実力が発揮できなくなるというものがあります。月経期間中の女性アスリートと一般女性のパフォーマンスについての調査結果があります（※1）。

これによると、一般女性は月経周期によって、瞬発力や俊敏性などが遅くなるなどの傾向がありました。しかし、アスリートでは、差が見られませんでした。

アスリートは日頃から常に高いパフォーマンスを発揮できるよう、トレーニングを積んでいます。

そのため、月経周期によるパフォーマンスへの影響はほとんどないと考えられています。この結果からも、月経はアスリートにとって、何ら「邪魔」でネガティブな存在であるわけではないことが分かります。

と、ここまで読んで、「月経期間中はパフォーマンスが下がるんだけど……」と反発したくなった女性アスリートの方々もいらっしゃると思います。結論を先に言えば、この実感も正しいものです。

アスリートのコンディションには、数値で測れる「客観的なもの」と、本人が感じている「主観的なもの」があります。下記は、国立スポーツ科学センターによるトップアスリート630

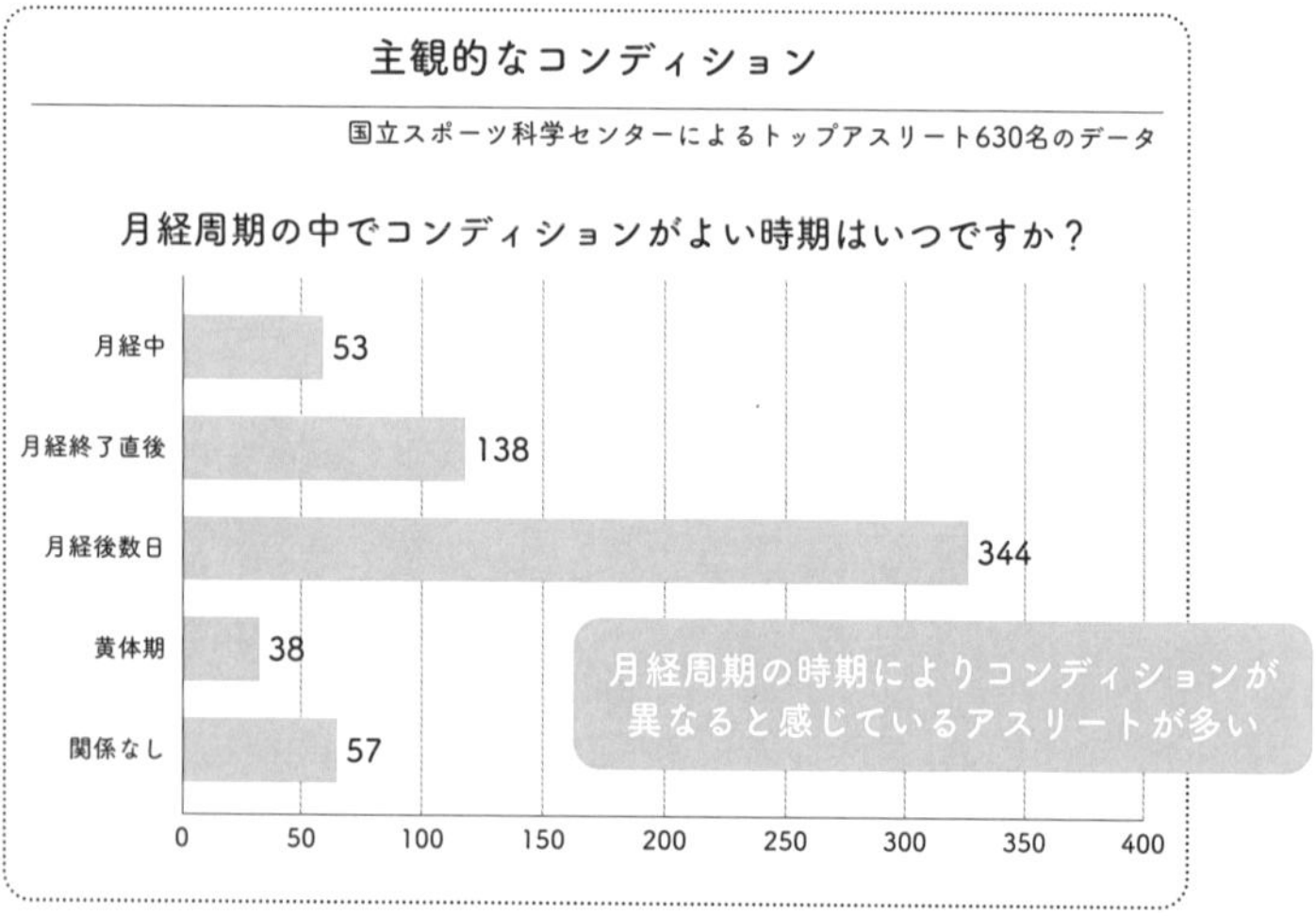
主観的なコンディション
国立スポーツ科学センターによるトップアスリート630名のデータ
月経周期の中でコンディションがよい時期はいつですか？
月経中
53
月経終了直後
138
月経後数日
344
黄体期
38
関係なし
57
0
50
100
150
200
250
300
350
400
月経周期の時期によりコンディションが
異なると感じているアスリートが多い

名の「主観的なコンディション」のデータです（※2）。これによると、月経周期の中でコンディションがよいと感じる時期は、「月経数日後」であると答えた人が多いという結果となりました。一方で、月経中がコンディションがよいというアスリートも少数ですが存在します。

こうした主観的なコンディションの状態は、本人にしか分かりません。つまり、月経教育においては、子どもが自分の身体の状態を、保護者や指導者などの周囲の大人にきちんと伝えられるよう、日々チェックして「記録」することが大事だということです。この月経の「記録」については、第3章で詳しく述べます。

※1　橋本有紀、目崎登．月経周期と女子ハンドボール選手のパフォーマンスの関連．女性心身医学，6（1）、108 - 115, 2001.
※2　能瀬さやか，他．女性トップアスリートの低用量ピル使用率とこれからの課題．日本臨床スポーツ医学会誌，22（1）、122 - 127, 2014.

「ピル」や「鎮痛剤」は、強い味方になります

海外のトップアスリートにとってはもはや当たり前の方法なのですが、ピルで月経をコントロールする方法もあります。しかし、日本では、特に未成年にとっては、ピルの服用はまだまだ

高いハードルがあるようです。将来に影響があるのではないか、あるいは重大な副作用があるのではないかといった、怖いイメージがつきまといます。

確かに、継続的に飲む低用量ピルには、服用をはじめてから3ヵ月以内は、吐き気や頭痛、浮腫、不正出血、胸の張り、体重増加、血栓症などの副作用に注意する必要があります。しかし、将来的な妊娠などには影響がないことが分かっています（子宮を休ませるので、むしろ女性の体にはポジティブな影響があるという説もあります）。一方で、月経痛やPMS（63ページ参照）などから解放されるなどのメリットも大きいです。

「はじめに」でも述べましたが、私自身もかつてひどいPMSに悩まされていました。また、人に月経教育をするにあたって、自分でも試しておかな

ピル服用のメリット

- 月経困難症の改善
  （月経量の低減、月経痛の改善）
- 避妊
- 月経前症候群（PMS）
  （諸症状の改善）
- 月経周期の調節（月経をずらす）
- 子宮内膜症
- 過多月経
- にきび
  （子宮内膜症・過多月経・にきび）などの改善

ピル服用のデメリット

- 副作用
  （飲みはじめてから3ヵ月以内に出現する）
- 毎日服用する
  （休薬のタイミング以外）
- 費用
  （安価なもので1シート5-600円～）

いと話すことはできないと考え、5～6年ほど低用量ピルを服用したことがあります。すると、ＰＭＳはなくなり、劇的に生活が楽になりました。低用量ピルを飲むと出血する期間が短くなるため、出張やそのほか大切な場面、そして日常生活全般において、身体だけでなく、精神的ストレスも大幅に軽減されました。

ピルや鎮痛剤の使用は、本人や家庭の考え方次第ではありますが、痛みを取り除いて全力を出せるのであれば、正しく服用するのも1つの手だと考えます。

なお、低用量ピルの服用は、ＷＨＯの基準では、初経発来後から開始してよいことになっています。しかしながら、日本では、低用量ピルの添付文書には、骨成長が終了していない可能性がある場合には禁忌という旨が記載されています。第5章でもお話しますが、人の骨量は20歳ごろにピークを迎え、その後は維持しながら、加齢とともに低下していくため、20歳ごろまでに最大限獲得をしておく必要があります。ですから低用量ピルを服用する場合は、初経発来後、しっかりと月経が来ていて、女性ホルモンが分泌されている状態で服用することが重要です。成長には個人差があるため、骨の成長と月経がきちんと来ているかなどを考慮しながら、病院で医師に相談して決めるのがよいでしょう。

3 「月経教育」の最終目標

月経教育の「最上位目標」は子どもの「自立」です！

本章の最後に、私が月経教育を通じて何を目指しているか、「最上位目標」について触れておきたいと思います。

私は、月経教育を通じて、子どもや選手たちに「自立」してほしいと願っています。月経教育とはつまり、子どもたちが、自分が今どんな体調で、万が一、調子が悪い場合、どんなサポートが必要なのかを自分自身で考える力を養うことにほかなりません。こうして自分の体と向き合って対話し、その状態を第三者に伝わるように明確に話すことができるようになると、子どもたちの「自立」につながるのです。

そろそろ
来るな…
ヒョイ
パク
ピピピピピ…
頼もしく
なってきたな
教科書も
ナプキンも
全部持った！
OK！

事実、私が指導してきたジュニア選手たちも、最初は自分のコンディションについて話せなくても、月経教育を通じて自らの体調を地道に記録し、観察する経験を積むことで、競技における記録と自らの体調の関係を理解し、考察することができるようになりました（※1）。体調が悪い場合は、外部の専門家に自分の判断で助けを求めることもできるようになりました。

こうしてアスリートとしてはもちろん、人間として成長していったように、感じています。

特に印象に残っている、自立したジュニアアスリートの実例を2つご紹介します。

一人目は2018年の平昌、2022年の北京オリンピックで金メダルを獲得したスピードスケートの高木美帆選手です。高木選手は、ジュニア時代に出会った時からすでに自分の身体に関するデータ、記録への興味・関心が非常に強く、何か疑問があれば、合宿の合間などに、指導者や私を含めたスタッフにすぐに質問にきていました。ジュニア選手にとって、データを理解し、それを活かそうとすることはかんたんなことではないのですが、高木選手は必要と感じれば、躊躇なく、何でも聞いていました。

トレーニングも、ただメニューをこなすのではなく、「やっていることの意味」を考え、納得した上で取り組んでいる様子でした。ジュニアでここまで自分の体に向き合おうとする選手は非常にまれで、大変感動したことを覚えています。金メダルを獲った時には、高木選手の積み重ねた努力の日々に思いを馳せました。

もう一人は、２０１８年の平昌オリンピックで高木選手とともにチームパシュートで金メダルに輝いた佐藤綾乃選手です。佐藤選手は、ジュニア時代に受けた私の講義をきっかけに、基礎体温を記録する習慣を身に付け、婦人科にも定期的に検診にいくようになりました。シニア選手になった今でもずっと継続して基礎体温を記録していて、自分のパフォーマンスやフィーリングとどのくらい比例しているか把握するのに活用しています。

また、ご本人もインタビュー（※２）などで公にしていますが、大学1年生で重めの月経痛が出て、以降ピルの服用による月経調節を選択。これにより、競技に１００％の力で臨めるようになり、ピルによる調節を選択して、本当によかったと話しています。

高木選手も佐藤選手も、ジュニア時代を含めれば、私の講義を何十回も聞いています。それでも、何か気になることがあると、私に気軽に連絡をしてくれます。月経と非常に上手に付き合いながら、成長を続けている選手たちです。

高木選手と佐藤選手に共通していることがあります。それは、ジュニア時代から周囲の専門家や大人を頼るのが非常に上手だったということです。大人から指導を受けるだけなく、自分の成長のためにどんなサポートが必要かを自分で考え、大人の力を借りていました。

本当に優秀で伸びていく人というのは、高木選手や佐藤選手のように、自分で考え、行動できる人なのだと感じます。2人のように自分のことを自分で考え、責任をもって決定できる人を育てる。このような最上位目標のために、私は月経教育に取り組んでいます。

※1　鈴木なつ未．競技団体における取り組み～公益財団法人日本スケート連盟・スピードスケート～．平成30年度　日本スポーツ協会スポーツ医・科学研究報告Ⅲ　国体女子選手における医・科学サポートシステムの構築，公益財団法人日本スポーツ協会，p38-40,2019.

※2　スケート選手の「悪くない」の意味－スピードスケート金メダリストの佐藤綾乃選手－（3）　時事メディカル　https://medical.jiji.com/column3/43

第1章のPOINT

- 月経が来てよかったと肯定的に捉えることが大切
- 大人が月経を理解して、子どもの気持ちに寄り添うことで、子どもは相談できるようになる
- 子どもの自立を育むために、大人も月経教育を学ぶ

第2章

今さら人に聞けない「月経」の基本

1 「月経」の基本を知ろう

女性の体内では約1ヵ月で「3つの周期」+「月経」のサイクルが繰り返されています

初経は「成長スパート」の約1年後にやってきます

月経には主に2つのホルモンが関わり、ホルモン分泌は3つの器官で調整されています

月経は「脳」がつかさどっていることを理解することが重要です

女性の月経期間中の心身の変化には「ホルモン」も強く影響しています

2 月経と女性の体に起きる変化の関係

月経周期において、女性の体温は顕著に変化します

風邪を疑うほど体温が上がる人もいます

ホルモンが心身に不調をもたらすこともあります

月経痛は若年から、PMSは成長につれ現れる人が多いです

月経随伴症状がつらい場合は、ためらわずに受診しましょう

月経教育をおこなうためには、月経に関する知識が必要不可欠です。男性はもちろん、女性でも意外と用語や症状の正確な意味を知らないという人は少なくありません。本章では、月経に関する基礎知識を今一度おさらいするとともに、「月経教育」をおこなうために、しっかりと押さえておきたいポイントを解説します。月経について理解しているという人でも、改めて、一度目を通していただければと思います。

1 「月経」の基本を知ろう

女性の体内では約1ヵ月で「3つの周期」＋「月経」のサイクルが繰り返されています

女性の体は、妊娠に備え、「①卵胞期《らんぽうき》」→「②排卵期《はいらんき》」→「③黄体期《おうたいき》」へと移り変わっていきます（次頁図参照）。詳しくは52ページから説明しますが、卵胞が形成され育つ・受精卵の着床（妊娠）に備えて子宮内膜を厚くする期間が「①卵胞期」、卵胞が破裂し卵子が卵巣から出ていく時が「②排卵期」、破裂した卵胞が黄体になり子宮内膜の厚みを保っている期間が「③黄体期」です。黄体期を終えた時点で妊娠していない場合、不要になった子宮内膜が膣から排出されます。これが「④月経」です。

約1ヵ月に1度の周期で①〜④が繰り返され、このサイクルを「月経周期」といいます。

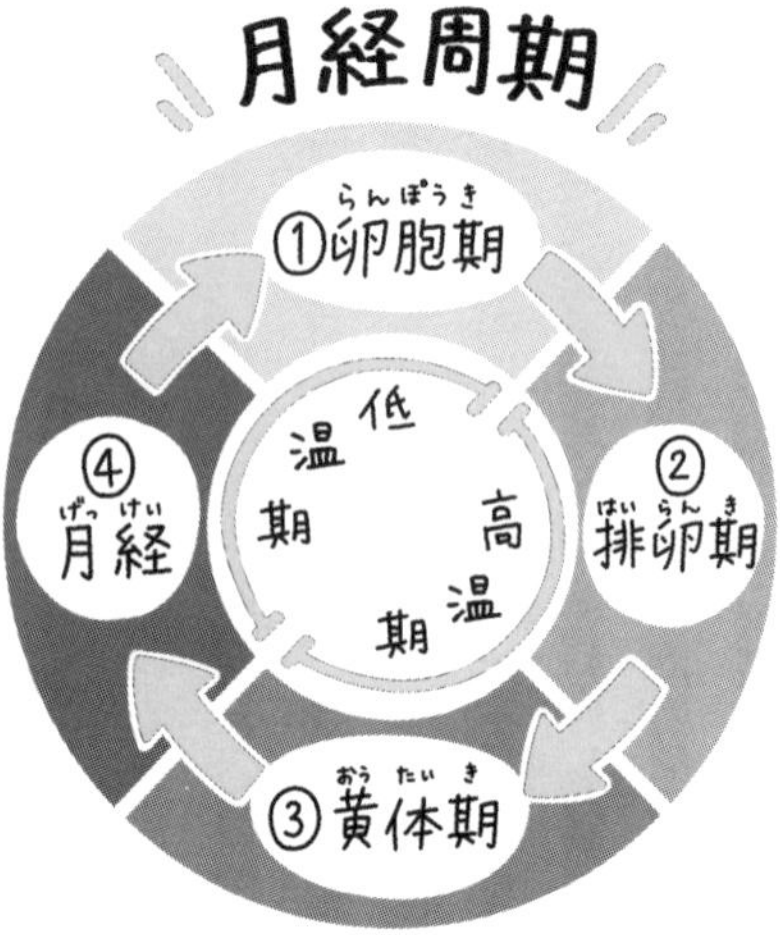

初経は「成長スパート」の約1年後にやってきます

最初の月経を「初経」といいます。初経が来る平均年齢は12・3歳です。15歳を過ぎても初経がない場合は「初経遅延」のため、婦人科を受診したほうがよいです。初経の前には1年間に平均して7~9センチも身長が伸び、体重も増加する「成長スパート」という時期があります。この時期から1年ほどで初経が来ることが多いです(※1)。

ちなみに、私が10歳前後の女子に、もしかしたらもうすぐ初経がある子も出てくることや、なぜ女性に月経があるのかを教える時は、「月経は大人の女性のサイン」=「赤ちゃんを産める身体になったということ」だと伝えています。赤ちゃんを産むためにはエネルギーが必要です。月経とは、そのエネルギーを身体に貯めておくことなのだという説明をしています。そうすると、月経がない＝エネルギーを貯めておくシステムに異常がある、ということが理解しやすくなるようです。

※1　能瀬さやか：女性スポーツの選手養成と発育発達．子どもと発育発達,4：266-272, 2016.

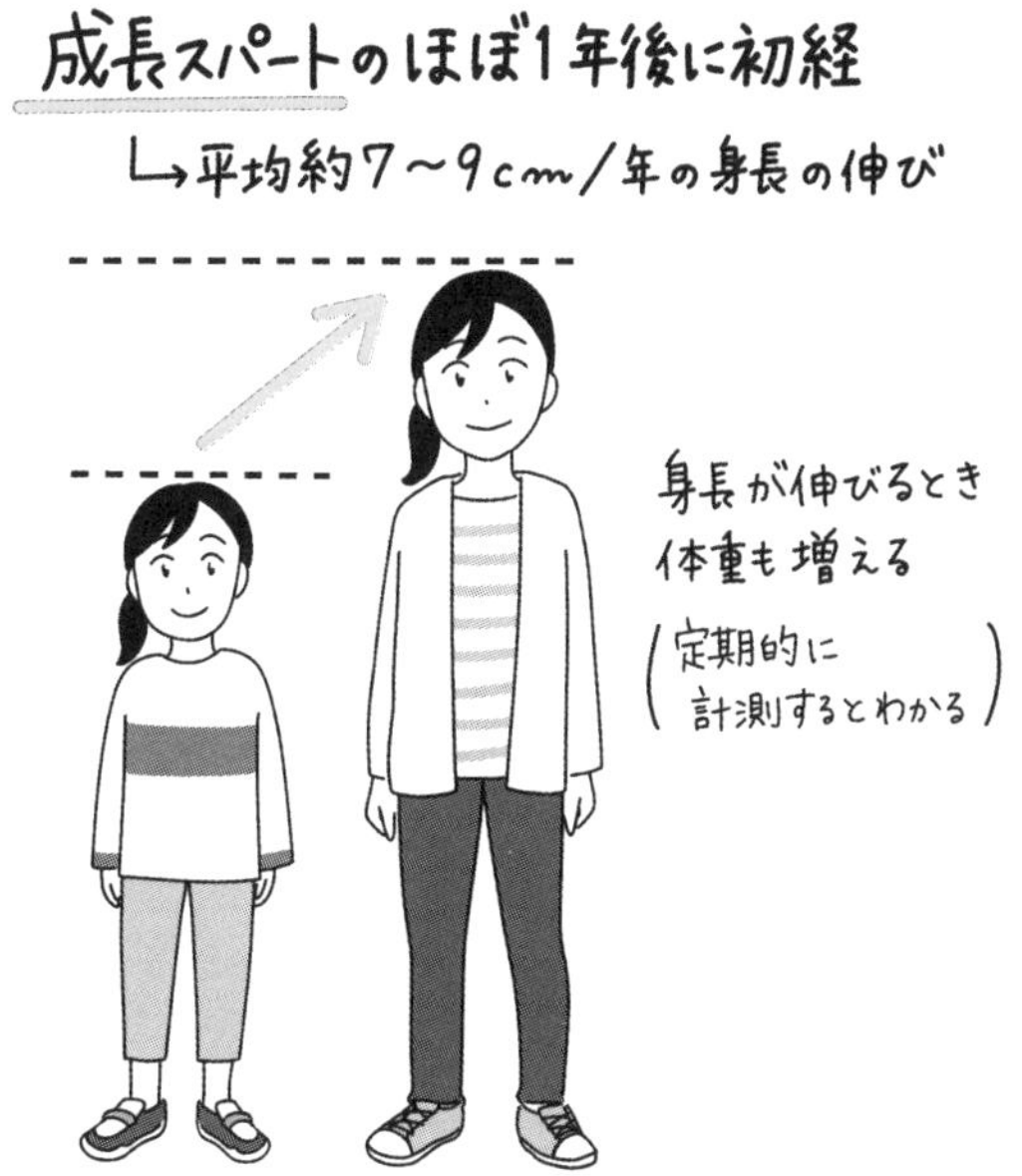
成長スパートのほぼ1年後に初経
↳平均約7〜9cm／年の身長の伸び
身長が伸びるとき
体重も増える
（定期的に
計測するとわかる）

月経には、女性の体の「脳」と「卵巣」、「子宮」の3つの器官が関わっています。「子宮」は女性の骨盤内にある器官で、妊娠した場合に子どもを育てる「入れ物」の役割をします。「卵巣」は子宮の両脇についており、卵子が入っている器官です。そして、卵巣から分泌される「エストロゲン」「プロゲステロン」は、妊娠の準備に関わる女性ホルモンで、下の表のような働きをします。

卵胞期から黄体期、月経まで、それぞれの器官やホルモンが、どんな役割を果たしているかを見ていきます。

①卵胞期

脳から卵巣へ指令がいき、受精のために卵子が卵巣から出ていく「排卵」の準備がはじまる。

エストロゲンの働き
1 子宮内膜を厚くする、子宮を発育させる
2 骨を強くする
3 ナトリウム、水の再吸収を促進する →むくむ
4 血管をやわらかくし、血圧を下げる
5 排卵期に粘稠・透明なおりものを分泌させる
6 コレステロール、中性脂肪を下げる
7 乳腺を発育させる
8 腟粘膜や皮膚にハリ、潤いを与える
9 気分を明るくする 等

プロゲステロンの働き
1 子宮内膜を妊娠しやすい状態に維持する
2 基礎体温を上げる
3 眠気をひきおこす
4 水分をためる→むくむ、体重が増える
5 腸の動きをおさえる
6 妊娠に備え乳腺を発達させる
7 雑菌が入りにくいおりものにする
8 食欲を亢進させる 等

スポーツ庁委託事業 女性アスリートの育成・支援プロジェクト
「女性アスリートの戦略的強化に向けた調査研究」. Health Management for Female Athletes Ver.2－女性アスリートのための月経対策ハンドブック－」2017. より引用

卵巣から出ていく卵子には、その保護と栄養供給のために「卵胞」という袋が形成され、排卵に向けて成長していく。その間卵胞から「エストロゲン」というホルモンが分泌され、受精が起こった際に受精卵がきちんと着床できるように子宮も準備をおこなう。この時子宮内膜が分厚くなっていく。

②排卵期

卵胞が育ち、子宮内膜の厚さも十分になると、卵胞

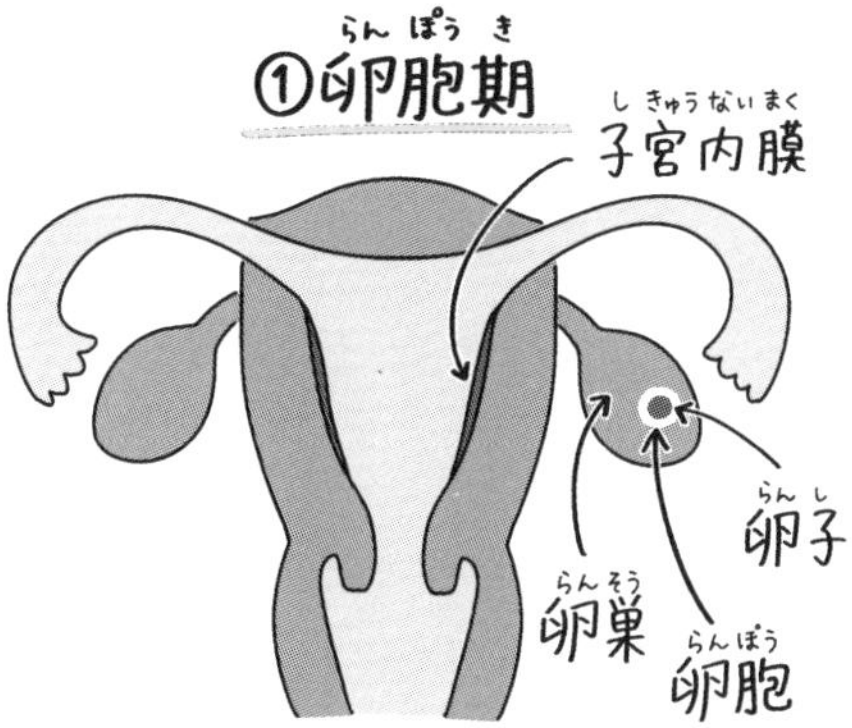
①卵胞期《らんぽうき》
子宮内膜《しきゅうないまく》
卵子《らんし》
卵巣《らんそう》
卵胞《らんぽう》

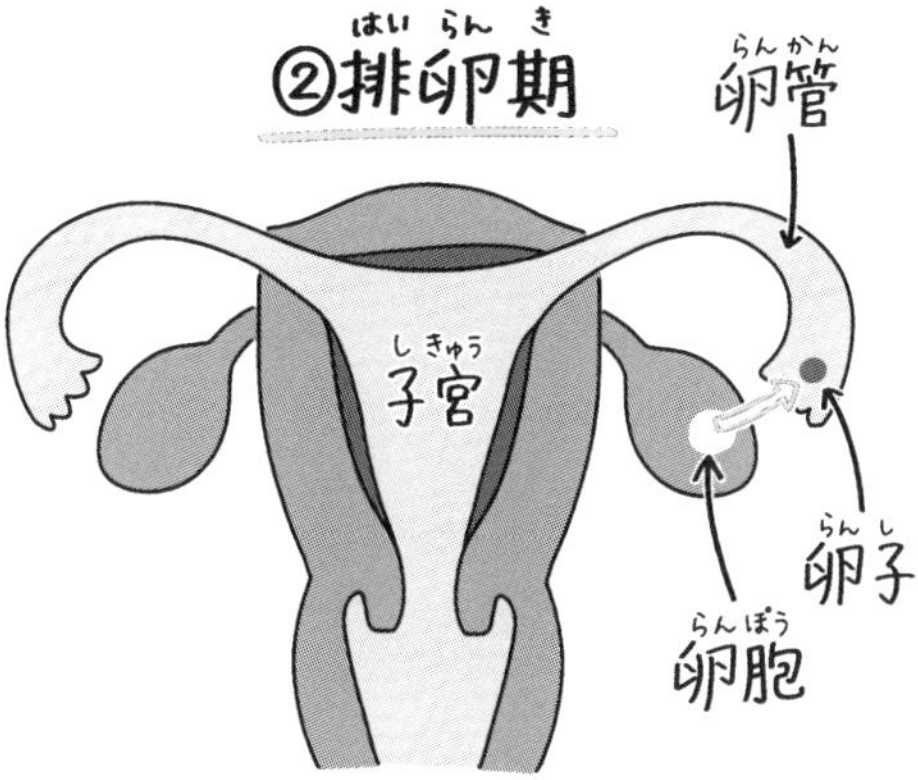
②排卵期《はいらんき》
卵管《らんかん》
子宮《しきゅう》
卵子《らんし》
卵胞《らんぽう》

が破裂して卵子が出ていく「排卵」がおこなわれる。排卵後、卵子は卵管を通って、ゆっくり子宮へ向かう。

③黄体期

排卵後に卵胞は「黄体」に変化し、「プロゲステロン」というホルモンを分泌する。このホルモンにより、厚くなった子宮内膜を維持する。卵子は卵管で精子が来るのを待つ。子宮内膜には血液が蓄えられ、妊娠に備える。男性が射精した精子が卵管に辿り着き、こ

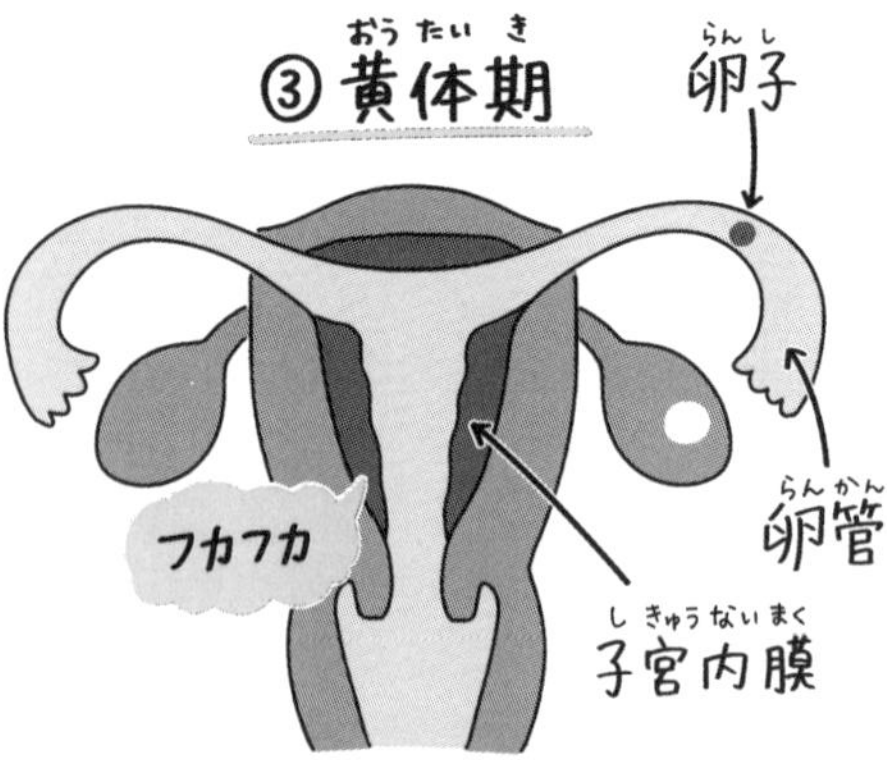
③黄体期《おうたいき》
卵子《らんし》
フカフカ
卵管《らんかん》
子宮内膜《しきゅうないまく》

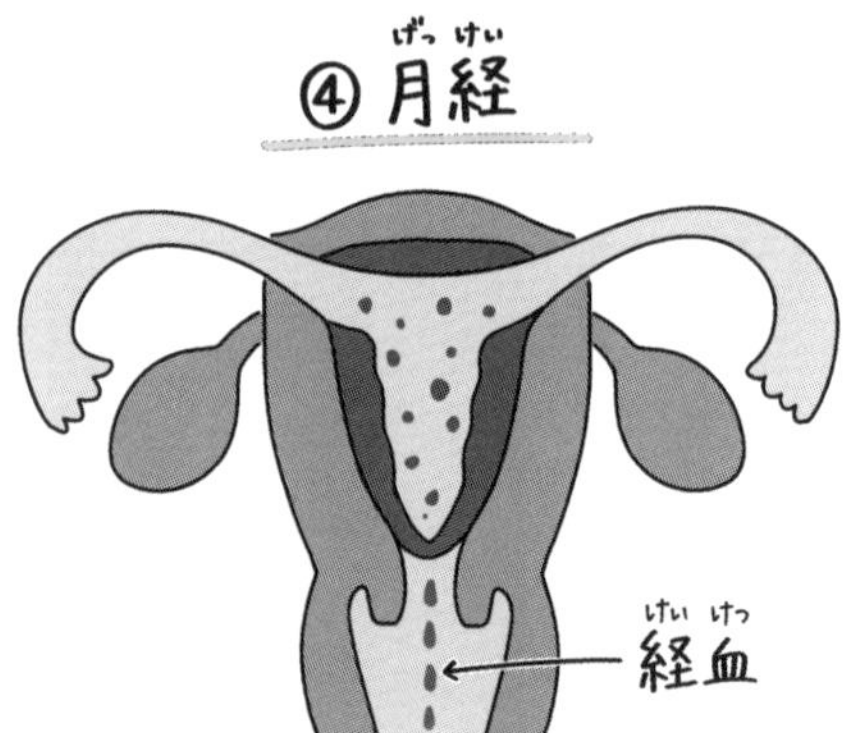
④月経《げっけい》
経血《けいけつ》

の段階で卵子と出会って受精すると、受精卵となる。受精卵が子宮内膜に着床すると妊娠する。

④月経

③の段階で約２週間受精がおこなわれず妊娠しないと、黄体は小さくなっていき、やがてホルモン分泌も止まる。そうすると、子宮内膜の厚みを維持することができなくなり、不必要となった子宮内膜がはがれて膣から排出される月経が起こる。月経がはじまると、体内ではまた次の排卵の準備がスタートする。

月経は「脳」がつかさどっていることを理解することが重要です

いかがでしょうか。女性の体内では、１ヵ月間でこれだけの複雑な変化が起こっていることが、改めてご理解いただけたでしょうか。

ただし、私がここで強調したいのは、「女性の体の複雑性」といったことではありません。私が月経教育の指導のポイントだと考え、子どもたちや保護者、指導者に理解してほしいのは、月経は単なる「体の変化」ではなく、「脳から指令が出て、ホルモンが分泌されて起こる」ものだということです。つまり、異変がある場合は、脳に関係する重大な症状である可能性があるということです。この知識があることで、第5章で詳しく扱う「無月経（＝体がエネルギー不足に陥った際、脳が生命維持活動に必要ない月経を止める）」などが、いかに深刻なことか実感できるようになるはずです。

一方で、月経を単なる「体の変化」と捉えていると、そのうち自然に治癒する「けが」や「負傷」の延長のように捉え、何か異変があっても放置してしまうことにつながってしまいます。

女性の月経期間中の心身の変化には「ホルモン」も強く影響しています

脳の働きに加えて、月経は「エストロゲン」と「プロゲステロン」という2つのホルモンが強く影響することも、月経を理解する上で重要なポイントです。

正常な月経は、エストロゲンとプロゲステロンが分泌されることで起こります。このホルモンは、前述の①〜④のサイクルの中で、分泌量に波があります。その分泌量の増減によって、63ページで詳しく解説する「月経痛」や「ＰＭＳ」などの症状が現れてくるのです。

月経期間中に体が思うように動かなかったり、精神的に不安定になったりするのは、ホルモンの分泌量の変化に起因するものです。この点を理解することで、保護者や指導者は、月経期間中の子どもや、ジュニアアスリートなどに、どんな配慮や指導、言葉掛けなどが必要か見えてくるはずです。

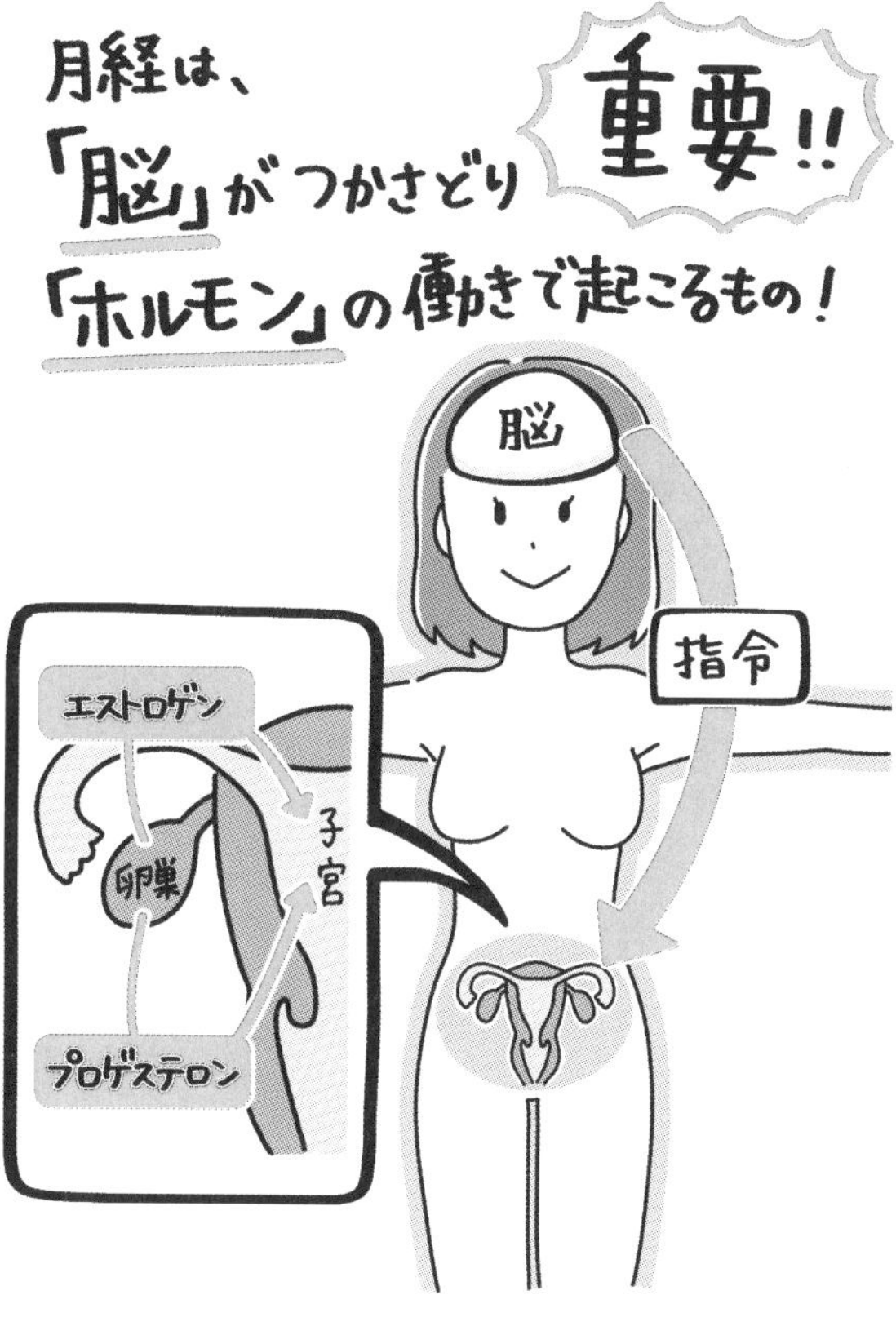

2 月経と女性の体に起きる変化の関係

月経周期において、女性の体温は顕著に変化します

正常な月経周期（月経開始日〜次の月経開始日の前日）の目安は25〜38日です。卵胞期は約13〜14日、排卵期は16〜32時間、黄体期は排卵後約14日間続きます。覚えておいていただきたいのは、女性ホルモンの働きにより、この期間中は基礎体温（※1）が60ページの図のように特徴的に変動するということです。

まず、卵胞期にはエストロゲンが分泌され、体温は低い日が数日続いたあと、体温がガクンと下がるタイミングがあります（低温期）。高確率で、ここで排卵が起きます。その後、黄体期になると、体温上昇作用のあるプロゲステロンが分泌され、高温に転じます（高温期）。そして排卵から14日後に月経がやってくるのです。月経期間の目安は3〜7日です。

このように低温期と高温期の温度変化が見られることを「二相性」といいます。詳しくは第3章で述べますが、この体温の二相性を理解した上で、毎朝基礎体温を記録していると、次回の月

経時期を予測できるようになります。これにより、例えばアスリートであれば大会前に「月経調節（第４章参照）」などをおこなうことが可能になります。

また、何らかの体調不良があり、月経異常につながっている場合、基礎体温のきれいな二相性が見られなくなります。これにより、自分の体調を客観的に管理することもできるようになります。

多数の子どもに月経教育をしてきた私ですが、子どもにとって、この体温の変化は話を聞いているだけでは、なかなか自分事として捉えづらいようです。レクチャーで、グラフを見せて説明しても、実験結果のグラフを見せられているような薄い反応を示す子どもがほとんどです。

しかし、一度、実際に基礎体温の記録をとって、大人と一緒にグラフを作成し、自分の体温の二相性が「見える化」されると、子どもたちは声をあげて喜び、一気に興味を示しはじめます。実感をもって理解できるようになるので、まずは実際に体温を記録することからはじめてみてください。基礎体温の記録のコツは、第３章でご紹介します。

なお、初経が来たばかりの子どもは、体温が乱高下したり、月経周期も遅れたり早まったりすることがあります。しかし、体調に問題がなければ、次第に安定していくので、不安になる必要はありません。

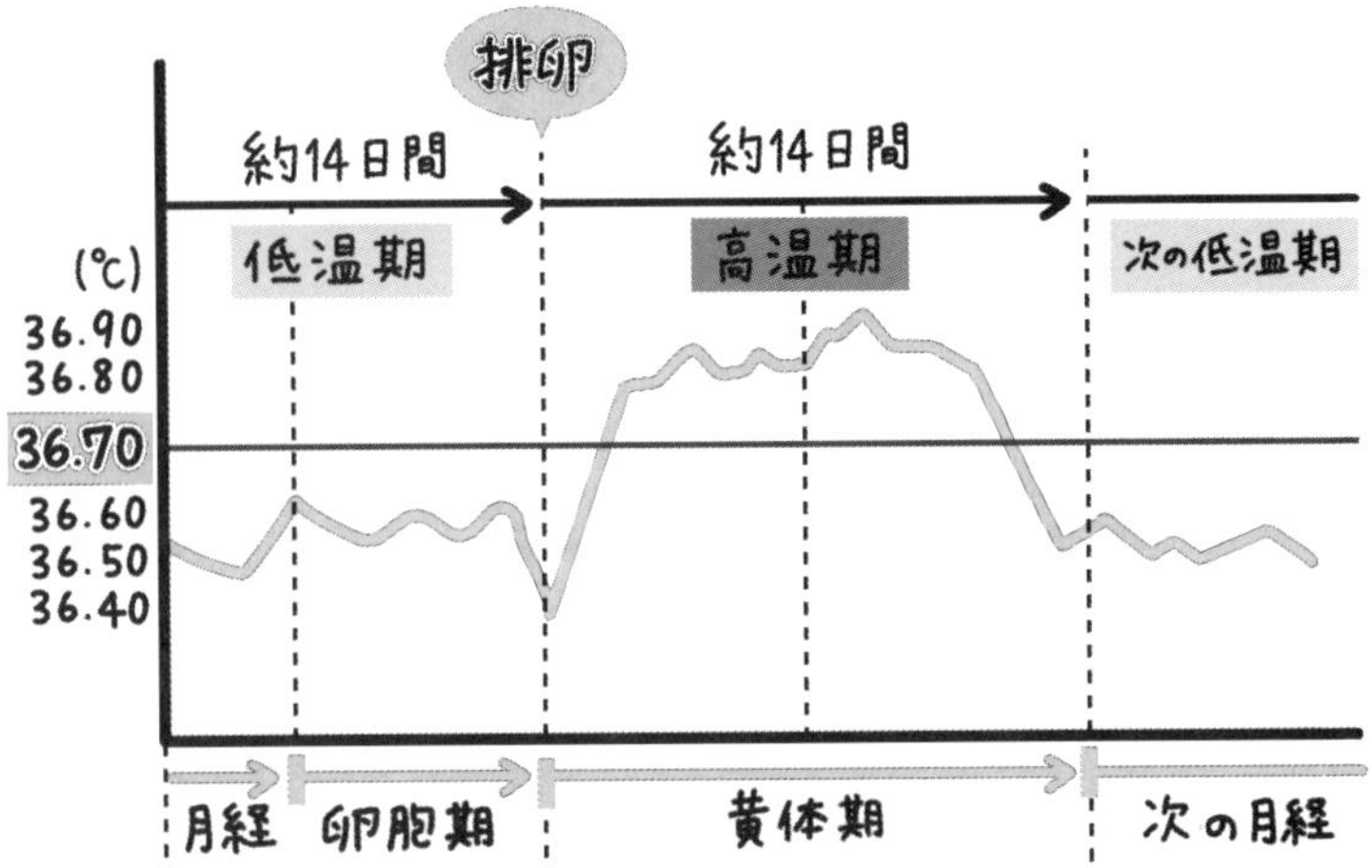

排卵
約14日間
約14日間
低温期
高温期
次の低温期
(℃)
36.90
36.80
36.70
36.60
36.50
36.40
月経
卵胞期
黄体期
次の月経

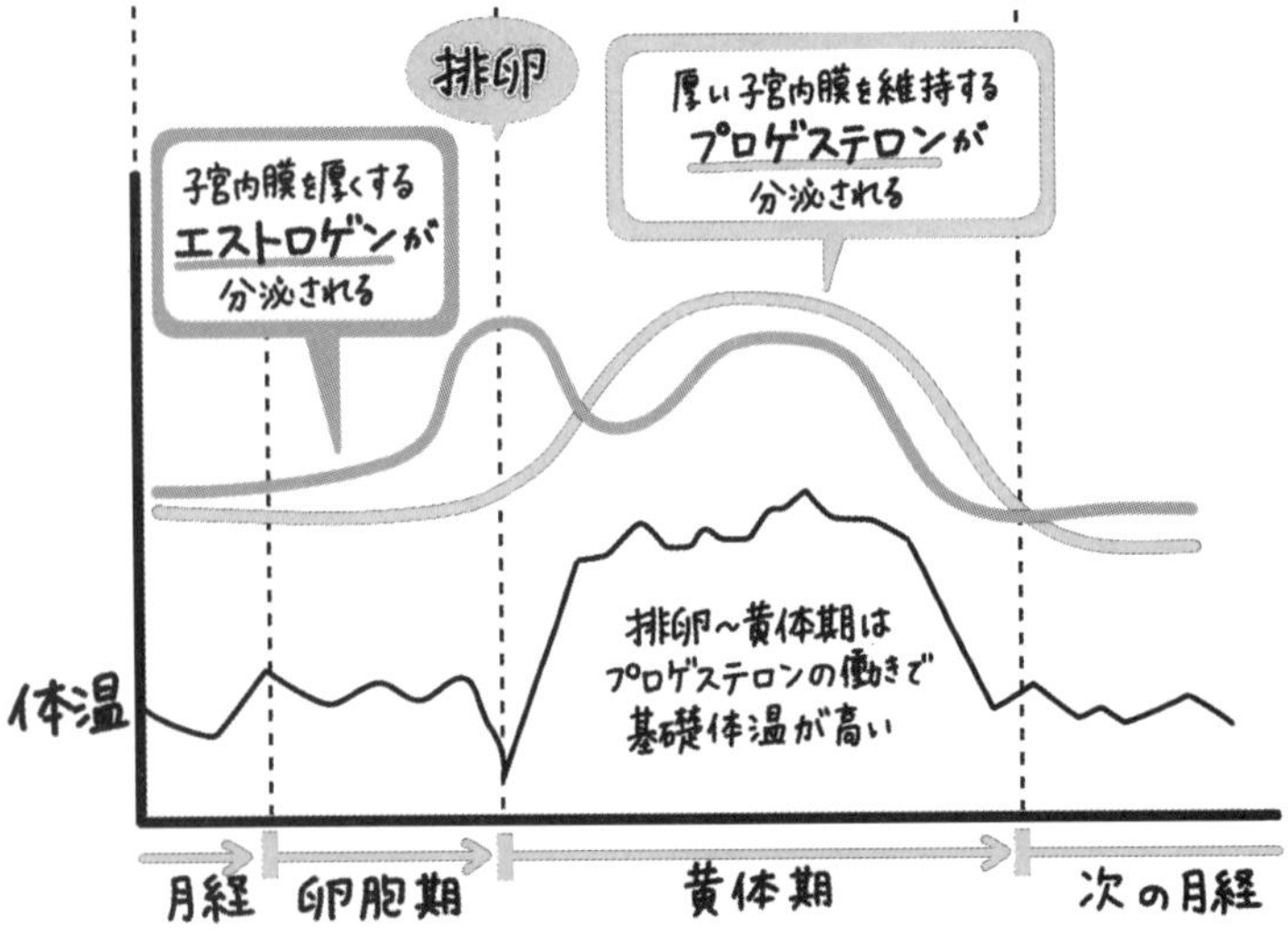

排卵
子宮内膜を厚くする
エストロゲンが
分泌される
厚い子宮内膜を維持する
プロゲステロンが
分泌される
体温
排卵~黄体期は
プロゲステロンの働きで
基礎体温が高い
月経
卵胞期
黄体期
次の月経

※1　基礎体温とは、朝に睡眠から目覚めた直後の体温のことをいいます。婦人体温計でないと測ることができません。熱を測る際に使用する電子体温計では測ることができないため、注意が必要です。

風邪を疑うほど体温が上がる人もいます

高温期（黄体期）には、37度くらいまで体温が上がる人もいます。ホルモンにより体温が変動することを知らないと、これを風邪と勘違いしてしまいます。実際に、ある指導者から風邪を疑い相談を受けたこともあります。体温が変化することを知っており、さらに記録をとっていれば、熱が高くなってもその理由が分かり、子どもも大人も安心することができます。

しかし、実際に風邪などであることもあります。体温が高いという変化のほかに、明らかに鼻水が出る、咳が出るなどの症状があれば、風邪などの疑いが高まります。

ホルモンが心身に不調をもたらすこともあります

月経周期に伴うホルモン量の変動により影響を受けるのは、基礎体温だけではありません。

ホルモン量の変動が、身体や精神に不調を及ぼすこともあります。

女性ならば聞き馴染みがある方も多いとは思いますが、「月経痛」や「ＰＭＳ」と呼ばれるものです。月経に伴って起こるこれらの症状をまとめて「月経随伴症状」といいます。

これらの症状は、日常生活や、アスリートであれば競技のパフォーマンスにも影響します。子どもも本人が理解することはもちろん、子どもをサポートすべき保護者や指導者といった周りの大人の十分な理解も必要不可欠です。月経随伴症状がなく月経で苦しい思いをしたことがない女性や、月経が起こらない男性も、自分事として理解に努めていただきたいと思います。それぞれ詳しく見ていきます。

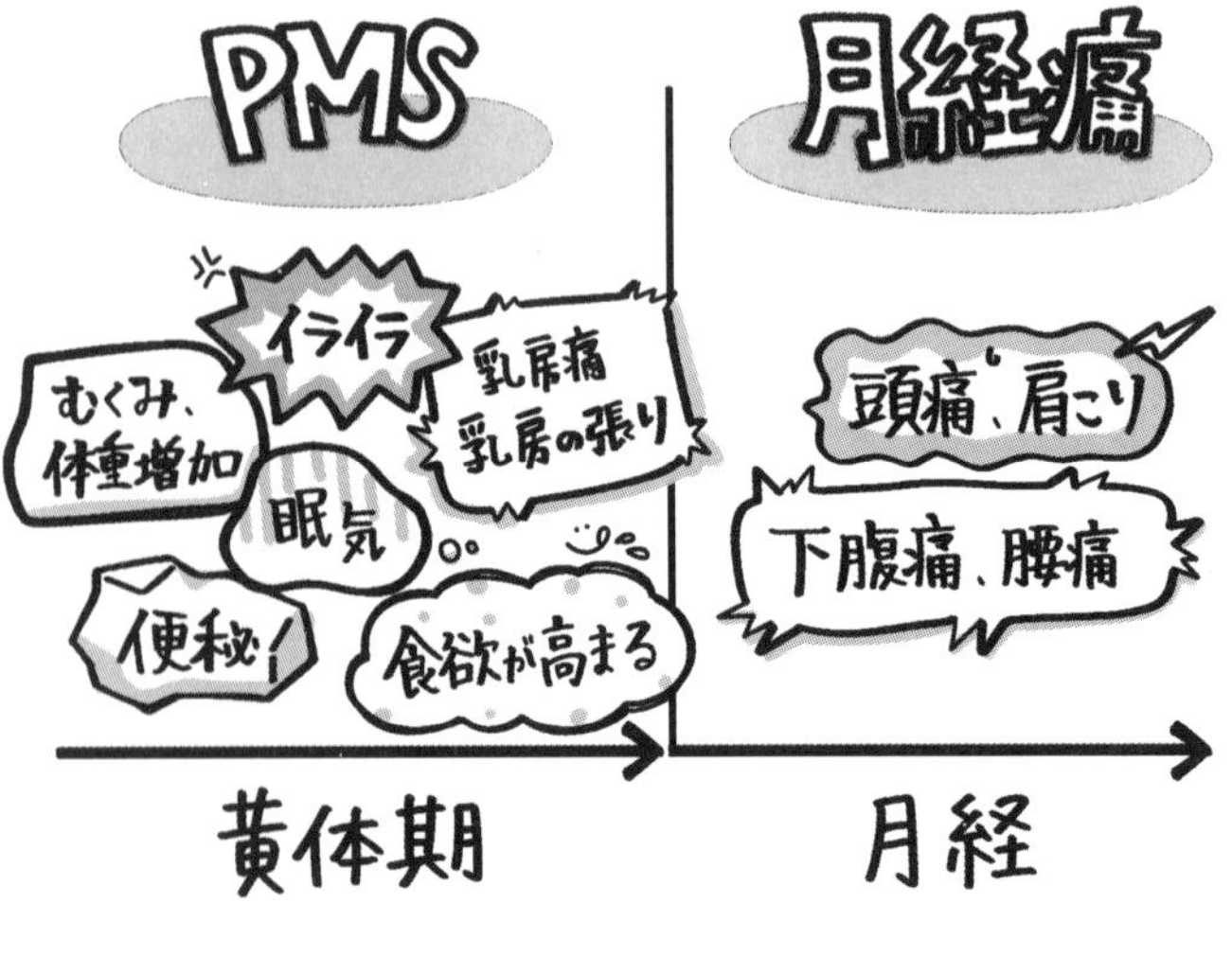

・月経痛

月経の数日前や月経中、または月経後に起こる症状を指す。頭痛や肩こり、腹痛（特に下っ腹）、腰痛、吐き気、下痢など症状は人によって異なる。さらに、同じ人でも月によって症状や症状の重さが異なることもある。これらの症状が日常生活に支障が出るほどひどい場合は、特に「月経困難症」という。

・ＰＭＳ

月経前３～10日の黄体期に精神・身体に起こる不調。正式には「月経前症候群（Premenstrual syndrome）」という。黄体期に多くなるプロゲステロンには、先に説明した体温上昇作用だけでなく、むくみ、水分を身体に貯める働きもある。これが原因で、むくみ、体重増加などの身体的な症状が現れると考えられて

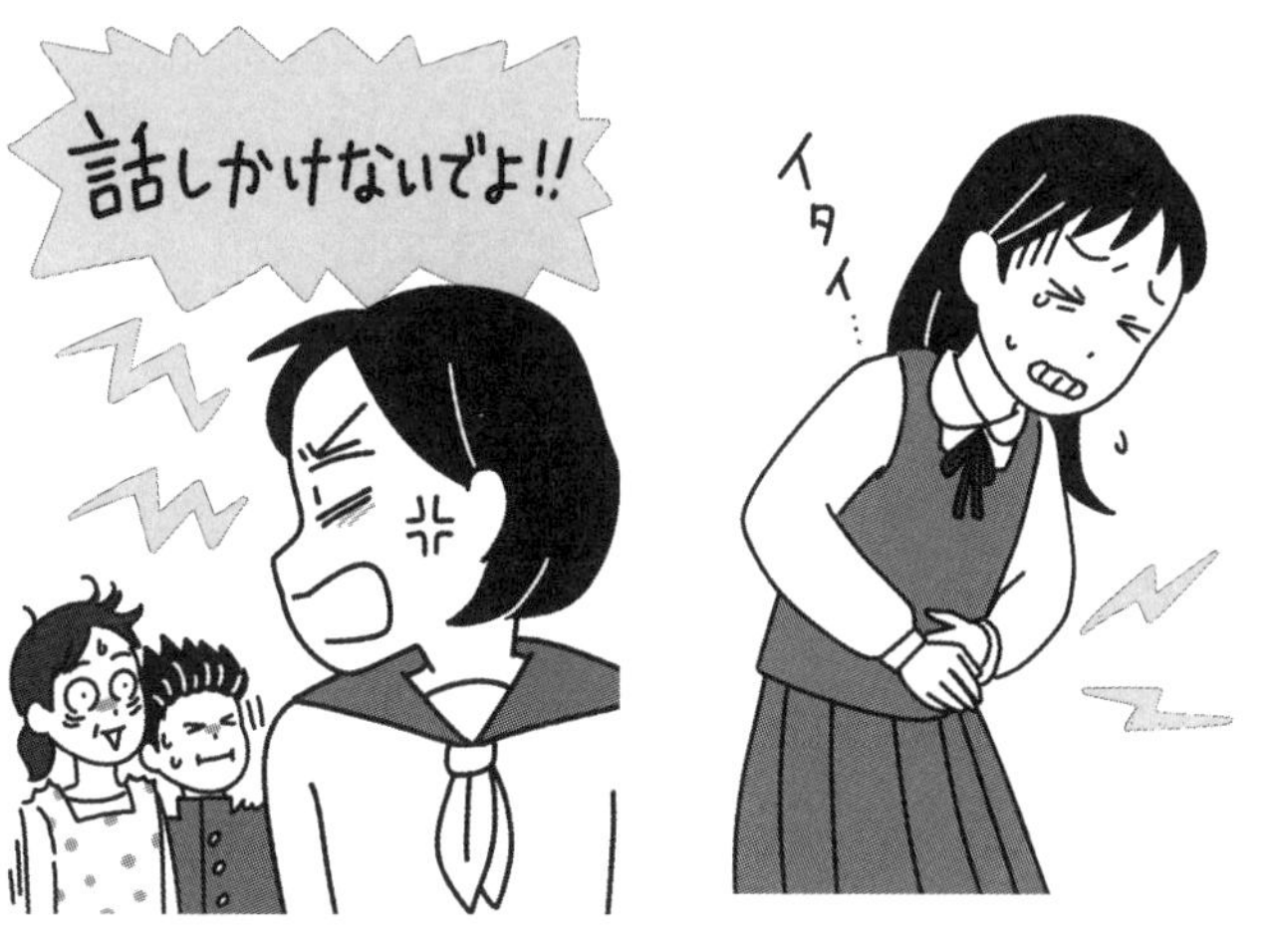

いる。

PMSは、身体的な不調のほかに、イライラや気分の落ち込み、食欲の増加など精神的な変化も現れるのが特徴。中には、人が変わったように、家族や周囲にあたる人もいる。しかし、これらの症状は月経がはじまると次第に減退し、なくなっていく。

月経痛は若年から、PMSは成長につれ現れる人が多いです

一般的に、月経痛は、初経を迎えた若い年代から症状が出ることが多いようです。一方、PMSは、大人になるにつれて症状が出る人が多いです。

そのため、月経教育の現場では、月経痛は理解できてもPMSは分からないという子が多いというのが私の実感です。「今症状がなくても、いつかは経験する可能性がある」ということを伝え、しっかり自分事にさせることを意識するとよいでしょう。

女性で自分も経験があるという場合は、自分の症状を思い出し、経験を交えて話すと効果的です。子どもは現実感をもって捉えられ、理解しやすいはずです。男性の場合は、家族やパートナーの月経前や月経中の様子を思い出してみると分かりやすいかもしれません。「横で見てい

てもつらそうだ」ということを伝えると、子どもも理解しやすいでしょう。

「はじめに」や第1章で少し述べましたが、私自身もＰＭＳの症状がひどく、苦しんだ経験がありますす。ＰＭＳの症状が出る時期は、自分でも分かるほどイライラがひどく、人と食事にいかないようにしていたほどです。説明したように症状は様々ですが、どれも自分ではコントロールができず、「どうすることもできない苦しさ」があるものです。

しかし、症状が出ても「これはＰＭＳだ」と分かれば、自己嫌悪せず、落ち込まなくても済みます。知識があれば、無駄な不安を抱かずによくなるのです。これも月経教育の１つの成果です。

月経随伴症状がつらい場合は、ためらわずに受診しましょう

月経痛もＰＭＳも、日常生活に支障をきたすほど症状がひどい場合は、「月経異常」に含まれ、治療が必要です。

しかし、どちらも現れる症状は個人差が大きく、数値などで他人と比較できるものでもありません。多少の痛みや異変を感じても、「毎月のことだから」と自分で判断し、放っておきがち

です。しかし、怪我や病気をした時には病院に行って専門の医師の診断を受けようと思うはずです。同じように、月経異常もすぐに婦人科に相談していただきたいと思います。

なお、今でもすぐにできるPMSの対処として、私は以下をおすすめします。

・バランスのよい食事をとる（ビタミン、ミネラル、カルシウムを意識して、鉄分も忘れずに）
・塩分、カフェインは控えめにする
・身体を冷やさないようにする
（できれば入浴時は、浴槽に浸かって身体を温める）
・ゆったりとした服装を心がける
・リラックスして、睡眠を十分にとる

ホルモンバランスを整えるための市販薬やサプリメントを使うという人もいますが、スポーツをやっている子どもには、安易にはおすすめできません。薬を服用する場合には、やはりためらわずに一度は婦人科を受診し、確実にドーピングにならないものを処方していただく必要があります。

第2章のPOINT

- 月経周期では、女性ホルモンや体温が変動し、様々な心身症状（月経痛やPMS）が出ることがある（その症状は人によって異なる）
- 正常な月経周期の日数（月経開始日〜次の月経開始日の前日）は25日〜38日
- 月経随伴症状（月経痛やPMS）がひどい時にはためらわずに病院を受診する

第3章

「月経教育」をしよう①—基本編

1 「月経教育」をおこなうためのマインドセット

「自分で決断」できるようになることを目指します
まずは自分で状況を説明できる力を育てましょう
よくも悪くも子どもは大人の言う通り行動しがちです
とんでもない思い込みをしている子どももいます（＝ゼロから教える必要性）
「子ども最優先」で考えれば、何が必要か見えてきます
大人みんなで月経教育をしましょう

2 月経を「見える化」しよう

女性でも意外に正確な「月経周期」の数え方を知りません
月経周期を記録しましょう（誰かと一緒にやるのがコツです）
慣れてきたら月経の「状態」を記録していきましょう
「基礎体温」も記録していくのがベストです
基礎体温は「婦人体温計」で計測します
スポーツをしている子どもは体重も記録していくとなおよいです
不調の場合は、「セルフチェックシート」に症状を書き出してみましょう
記録したデータは大人が定期的にチェックしフィードバックしましょう

3 子どもの「相談力」を高めよう

月経について「助けて」と言える子どもを育てるコツがあります
男性でもできるサポートはたくさんあります
完璧を目指さず、できることからゆるくはじめてみましょう

4 「病院に行く」を当たり前にしよう

医師とつながるのも「月経教育」の大きな目標です
月経についての受診ですぐに内診することはありません
婦人科の医師も「何かあればすぐに受診してほしい」と願っています
大事なのは、「何をどうしたいのか」子ども自身が医師に自分の状態を伝えることです

ここからは、実際に私が月経教育でおこなっていることをお伝えします。子どもの自立を促す月経教育をおこなうためには、まず保護者や指導者など、大人が月経についての正しい知識をもっていること、そしてそれを子どもに寄り添いながら伝えることが必要です。月経教育で取り扱う内容は多岐にわたりますが、本章ではまず、月経教育をおこなうために必要な大人の心構え（マインドセット）、また、子どもたちの月経を「見える化」する方法、さらには医療とのつながり方などについて、ご紹介します。

1 「月経教育」をおこなうためのマインドセット

「自分で決断」できるようになることを目指します

第1章の最後に述べたように、月経教育の最上位目標は子どもたちが「自立」することです。

私は、これから本格的に競技に打ち込むというレベルから、オリンピックでメダルを目指すようなトップレベルの子どもまで、様々な子どもに月経について話をしてきました。どの競技レベルでも、多くの場合、最初は講義をしても、明らかな反応はありません。黙って静かに話を聞いていています。しかし、反応がないからといって、決して興味がないわけではありません。自分の体のことですから、誰もが知りたいと思っています。ただ、分からないことが何か分かっていないので、リアクションが難しいだけなのです。ですので最初は、ひたすら粘り強く、繰り返し、第2章で述べたような基本的な知識を伝えます。

しばらく繰り返し月経の重要性を伝えていると、次第に、子どもたちは、月経についての自分の困り事が分かり、人に聞いてもよいことが理解できるようになります。この段階では、「どうしたらよいですか？」「こんな時どうするのが正解ですか？」など、答えや決断を求めるような質問が多いです。

こうした時、私は子どもが「突き放された」と感じることがないよう細心の注意を払いながらも、「自分で決めないといけないよ」とはっきり伝えます。

なぜならば、自分の体のことは自分にしか分からないからです。悩みや痛みがあることは言葉で理解できても、どこがどのように痛むのか、痛みの強さや頻度はどのくらいかなどは、他人には分かり得ません。次の段階ではこのことを伝え、自分のことは自分で決める力を養っていきます。これが、月経教育の目指すところです。

このスタンスは、子どものことをもっとも理解しているであろう保護者であっても変わりません。子どもの成長を願い、信じるならば、できる限りの選択肢を示した上で、決断を促すのが大人の役割だと考えます（ただし、無月経を我慢するなど、誤った判断をしている場合は、修正しなくてはいけないのは、言うまでもありません）。

　特に、スポーツでより上位のステージを目指しているという子どもの場合には、なおさら「自分で決断すること」が重要となってきます。すべて大人の判断・指示で動いていては、失敗やうまくいかないことがあった時に、人のせいにしてしまうかもし

自己決定力が子どもを伸ばす！
どう動くべきだと思う？
後悔無いよう
自分で決断して！
今日はどうだった？
勝つためには何が必要？
ああしなさい！
こうしなさい!!
ここはこう!!!
言う通りにやったのに
コーチのせいで負けた！

れません。将来スポーツでの進学や就職を目指している子ども、あるいはトップレベルを目指している子どもの周囲にいる保護者や指導者には、ことのほか「自分で決断すること」＝「自己決定力」を育成することを意識していただきたいです。そのために必要なのが「月経教育」だと私は考えています。

まずは自分で状況を説明できる力を育てましょう

とはいえ、まだ発達段階にいる子どもたちにとって、すべてのことを自分で判断するのは、難しいこともあります。そのために、私はまず子どもたちに「自分の状況を細かく人に伝えて、自分の考えとともに相談をすることができるようになろう」と呼びかけています。

次ページの画像を見てください。私に月経について相談してきたジュニアアスリートのＬＩＮＥの文面です。しっかりと毎日自分の体について記録をし、どのような変化が起こっているかを理解して、細かく、冷静に伝えようとしていることが分かると思います。このような伝え方をしてもらえると、相談された側もより的確なアドバイスを与えることができ、正しい対処法を実践することにつながっていきます。

もちろん、これらの選手も最初からこのように的確に症状を伝えられたわけではありません。

当初は、ぼんやりとした症状だけを私に伝えてきていました。それに対し、自分の体の記録を見て、気付くことがないか、どんな点に困っているのかなどといった質問をその都度投げかけ、やり取りするうちに、このような相談ができるようになったのです。

月経教育では、ぜひ根気よく、子どもが自分の体のことを自分自身で理解できるよう、記録をとる習慣を身に付けさせ、内省を促し、今の状況や自分が感じていること、悩みなどを言語化する練習をしてみてください。すぐにはうまくいきません。ある程度時間をかけて取り組むことが必要です。

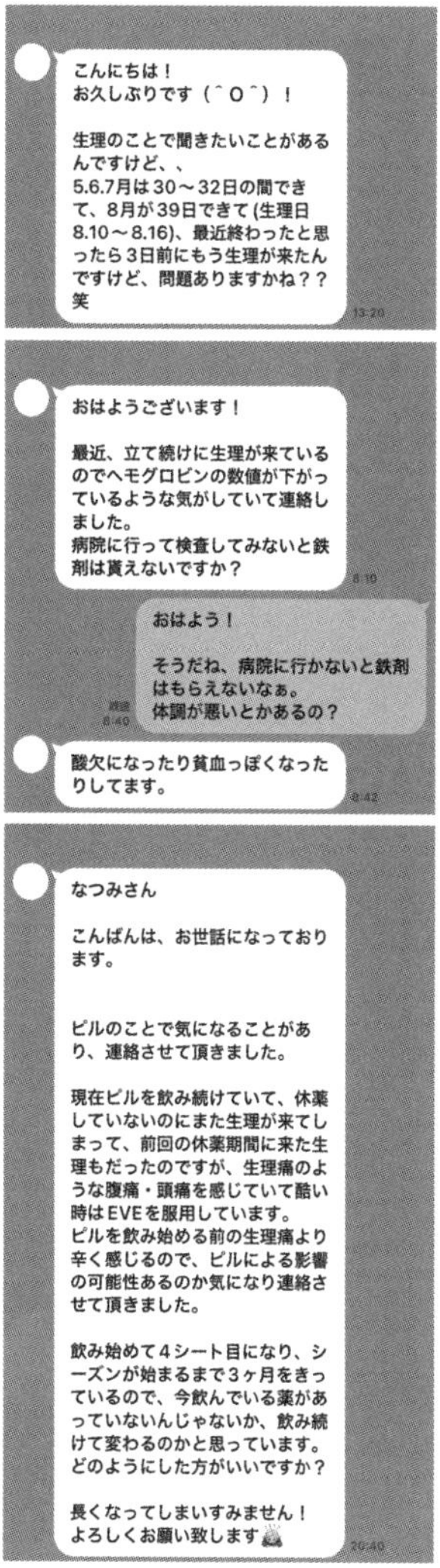
こんにちは！
お久しぶりです（＾O＾）！
生理のことで聞きたいことがあるんですけど、、
5.6.7月は30～32日の間できて、8月が39日できて（生理日8.10～8.16)、最近終わったと思ったら3日前にもう生理が来たんですけど、問題ありますかね？？笑
13:20
おはようございます！
最近、立て続けに生理が来ているのでヘモグロビンの数値が下がっているような気がしていて連絡しました。
病院に行って検査してみないと鉄剤は貰えないですか？
8:10
おはよう！
そうだね、病院に行かないと鉄剤はもらえないなぁ。
体調が悪いとかあるの？
既読
8:40
酸欠になったり貧血っぽくなったりしてます。
8:42
なつみさん
こんばんは、お世話になっております。
ピルのことで気になることがあり、連絡させて頂きました。
現在ピルを飲み続けていて、休薬していないのにまた生理が来てしまって、前回の休薬期間に来た生理もだったのですが、生理痛のような腹痛・頭痛を感じていて酷い時はEVEを服用しています。
ピルを飲み始める前の生理痛より辛く感じるので、ピルによる影響の可能性あるのか気になり連絡させて頂きました。
飲み始めて4シート目になり、シーズンが始まるまで3ヶ月をきっているので、今飲んでいる薬があっていないんじゃないか、飲み続けて変わるのかと思っています。
どのようにした方がいいですか？
長くなってしまいすみません！
よろしくお願い致します
20:40

私が、子どもが自分で決断することが重要だと強く感じた出来事をお話しします。あるジュニアアスリートから相談を受けた時のことです。

出会いのきっかけは、選手が自ら「月経痛がひどく、パフォーマンスに影響が出ている」「ピルを使いたい」と私にアプローチしてきたことでした。話を聞いていると、選手本人はピルで問題を解決できるかもしれないと考えているのに対し、保護者は「ピルを使わせたくない」と強く思っていることが伝わってきました。もともと薬自体を使うことに対する抵抗感がある保護者の方だったようです。最終的に、その選手はピルを使わないという判断に至りました。

もちろん、「ピルを使わないこと」は選択肢の1つとして悪いことではありません。しかし、このケースでは、選手自身はピルをポジティブに捉えているのに、保護者のピルに対する「ぼんやりとした抵抗感」が判断に強く影響してしまいました。結果的に、子どもが自分で考え抜いた上での判断にならなかったこと、私自身が子どもの本心を知りながらも最後まで寄り添えなかったことを後悔しました。

子どもは、大人がはっきりと言わなくても、普段の何気ない言動や、子どもに対するものの言いのニュアンスから、保護者や指導者が何を考え、自分にどんなことを期待しているかを敏感に察します。また、まじめな子どもや、カリスマ的な指導者の下にいるジュニアアスリートほど、その期待に必死に応えようとけなげに努力します。

大人は、子どもたちが自分で物事を判断できるようにするために、そうした子どもたちの葛藤を理解した上で、どんなふうに接するべきか、考える必要があります。また、周囲の大人も月経や薬の服用に対する正しい知識をもつことも重要だと強く感じます。

子どもは大人の言うことを察する
期待できる子だ
まだ走ります
どうする？もうやめる？
ハァハァ
ハァ
頑張るって言ってほしい

第1章で、「月経が来ること＝健康の証」であるという考え方が基本だと述べました。ところが、残念なことにスポーツの指導者の中には、「無月経になるくらいまで練習してようやく一人前」という誤った考え方をもっている人がまだまだいるのが現実です。

これは大学生であったケースですが、私が月経の話をしていた時のことです。陸上競技の学生が「月経なんて来ない」と、当然のように話しました。すると一緒にいた他競技の学生は驚いて「え？　月経って当たり前に毎月来るやつのことだよね？」と言いました。

私は後者の学生の感覚が当たり前になってほしいと願ってやみません。そして月経教育においては、相手が大学生であろうと、「月経とは何か」「女性にとってどんな意味があるものか」など、基本的なことも繰り返しゼロから指導していく必要性も感じました。

私たちは、「月経が来ること」が当たり前ではない状況の世界があるということ、そしてその世界に身を置いている子どもがいるということも認識した上で、月経教育を進めていく必要があります。

「子ども最優先」で考えれば、何が必要か見えてきます

スポーツをしている子どもの保護者からよく相談されることの1つに、「指導者に月経の不調を素直に伝えてよいのか分からない」というものがあります。伝えたら試合に出してもらえなくなるのではないかという不安があるのだそうです(同じ理由で子ども自身が隠したがることもあります)。

また、私は保護者や子どもから月経に関する悩みを相談されて、その指導者に練習や食事内容について提言することもあります。子どもの健康を考え、すぐに私の提言を取り入れてくださり、すばらしい指導をされる指導者がほとんどなのですが、ごく一部には、聞いてもらえないケースもあります(それでも私は言い続けますが)。

提言を理解いただけない指導者の方には共通することがあるように感じます。それは、子どもの「今」しか見ていないということです。

今、一生懸命トレーニングをすること。今、成績を伸ばすこと。今、競技に全力で取り組むこと。もちろん、「今」も大事です。でも、もしそれで子どもが不健康になってしまったら？　健康をとりもどせなくなってしまったら？　子どもの将来について想像することができれば、こう

した指導も少しずつ変わってくるのではないかと思います。

月経教育を通じて、子どもたちの悩みを解消するとともに、よりよい指導とはどんなものか、今一度考えていただければと願っています。

大人みんなで月経教育をしましょう

私は、子どもに関わるすべての大人が、月経教育の当事者だという意識をもつようになってほしいと願い、活動しています。保護者は家庭、教員は学校、スポーツ指導者は練習時間における子どもの一面しか見えていない可能性があります。その場面では、健康で、何ら問題を抱えていないように見えることもあります。

しかし、すべての時間において、子どもは月経と付き合っています。中には、誰にも悩みを相談できず、一人で我慢している子どももいます。保護者も教員も指導者も、全員が子どもが月経についての悩みをもっているかもしれないという前提で、ケアしていく必要があるのです。

もちろん、自分自身で教えることが難しいという人もいるでしょう。そういう場合は、専門家や詳しい人に入ってもらって、子どもと一緒に学ぶのも1つの手です。私が伝えたいのは、大人全員が月経について詳しく教えられるようになる必要があるというわけではなく、全員が、子どもは月経と付き合っていることを認識し、必要なサポートを提供する責任があるということです。

保護者やスポーツ指導者の中には、月経については保健体育の授業で学校や教員が教えるものと考えている人もいます。しかし、保健体育の学習指導要領や教科書で扱っているのは基礎的な知識のみで、不調の時にどうすればよいかまでは教えてくれません。

月経教育は「誰かが教えてくれる」もので

はありません。他人ではなく、自分が責任をもつ。保護者も指導者も教員も、子どもに関わるすべての大人にもっていただきたい心構えです。

②月経を「見える化」しよう

女性でも意外に正確な「月経周期」の数え方を知りません

ここからは、具体的に月経教育で子どもたちに実践してほしいことを紹介していきます。

第2章で、女性の体内では、①卵胞期→②黄体期→③排卵期→④月経、というサイクルが約1ヵ月で繰り返されると申し上げました。この周期のことを「月経周期」といいます。ただし、「約1ヵ月」という言い方はやや不正確で、正確には正常な月経周期は「25日〜38日」で繰り返されます。

月経周期は、左ページの図の通り、月経の初日から次の月経が始まる前日までを数えます。子どもはもちろん、成人女性でも、この数え方を知らない人は意外と多いです。「出血する日だけを数えていた」「月経が終わってから次の月経がはじまるまでだと思っていた」などといった誤解がたくさんあります。

女性の中には、「このくらいに月経が来るかな」と感覚で分かるので、正確な月経周期が分からずとも特段困らないと言う人もいます。しかし、月経周期が25日～38日より短いあるいは長い場合には、「月経異常（第4章参照）」に該当します。何らかの身体的な不調が疑われます。よって、正常月経の周期日数を理解していること、ならびに自分の月経周期を正確に数えられることは、自分の不調に気付くために欠かせません。

特に、スポーツ選手であれば「周期を正しく数えられる」「正常な周期日数を知っている」ことは特に大事です。自分の月経周期を記録・把握することで、月経でパフォーマンスに影響が出そう

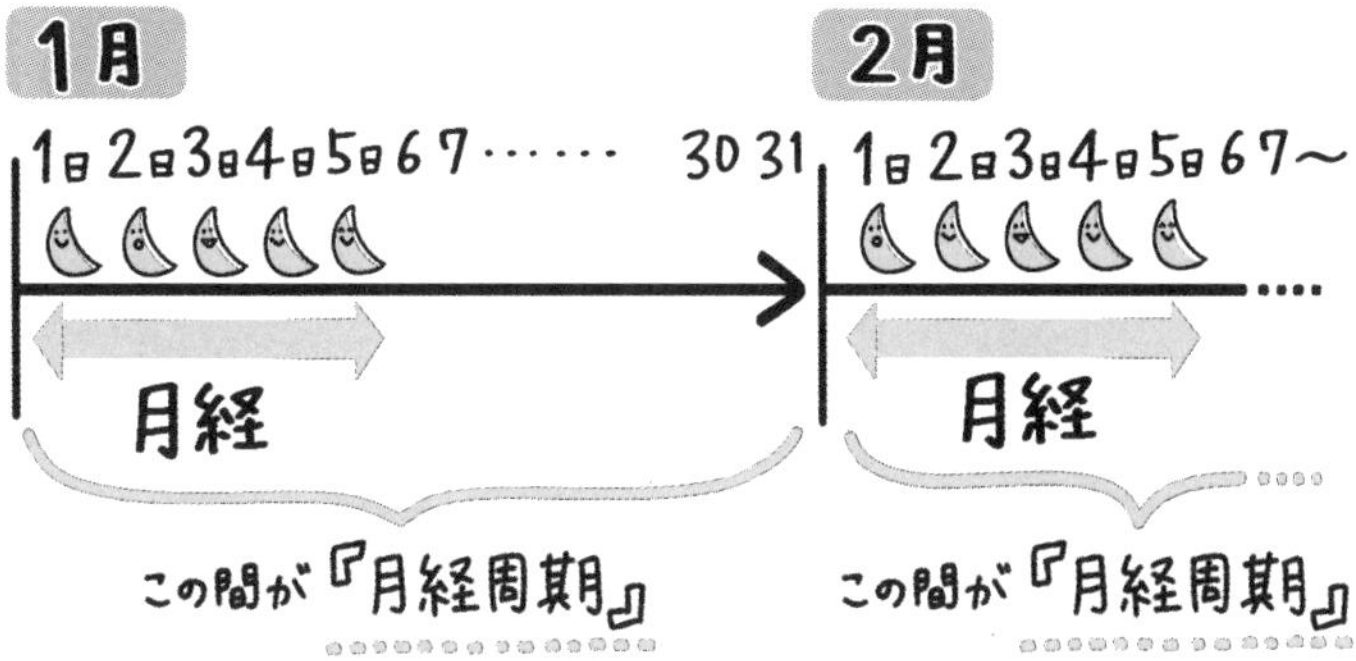
1月
1日 2日 3日 4日 5日 6 7 …… 30 31
月経
この間が『月経周期』
2月
1日 2日 3日 4日 5日 6 7～
月経
この間が『月経周期』

な日が予測でき、事前に対策を考えることができるようになります。また、万が一パフォーマンスが悪化しても原因を探ることができるので、安心することができます。

月経周期を記録しましょう（誰かと一緒にやるのがコツです）

月経周期の数え方を理解したら、早速、月経がはじまった日と終わった日を記録していきましょう。手帳やカレンダーに印をつけるのでもよいですし、専用のノートをつくってもよいです。とにかく、「これならはじめられる」「続けられる」という方法で月経を記録してみてください。

子ども1人でなく、母親や姉妹などと一緒に記録するのもよいです。スポーツをしているなら、選手みんなで取り組むのもおすすめです。1人ではなく、人と一緒にやることで、長く継続できるようになります。詳しい知識などがなくても、記録さえあれば、体調不良など何かあった際に医師などの専門家に見せて、診断してもらうことが可能になります。

ちなみに、私が色々試した結果、定着率が一番よかったのは、アプリを使って記録する方法です。左ページの「ルナルナ」などのアプリが、今の子どもたちにとって手軽なようで、私が日頃指導しているジュニアアスリートもよく使っています。一般の大学生でもアプリが使いやすいという人は多いです。

慣れてきたら月経の「状態」を記録していきましょう

月経の記録にある程度慣れてきたら、今度は、月経で出る血液（経血）の量、下腹部痛、イライラ・憂うつなどの精神状態、疲労・脱力感などといった月経随伴症状（62ページ参照）があれば、それらも記録していくようにします。

経血の量の目安については、夜用ナプキンでも漏れてしまうくらいの量の場合や、５００円玉以上の大きさのレバー上のかたまりが出る場合、月経困難症やそのほか婦人科系の疾患の可

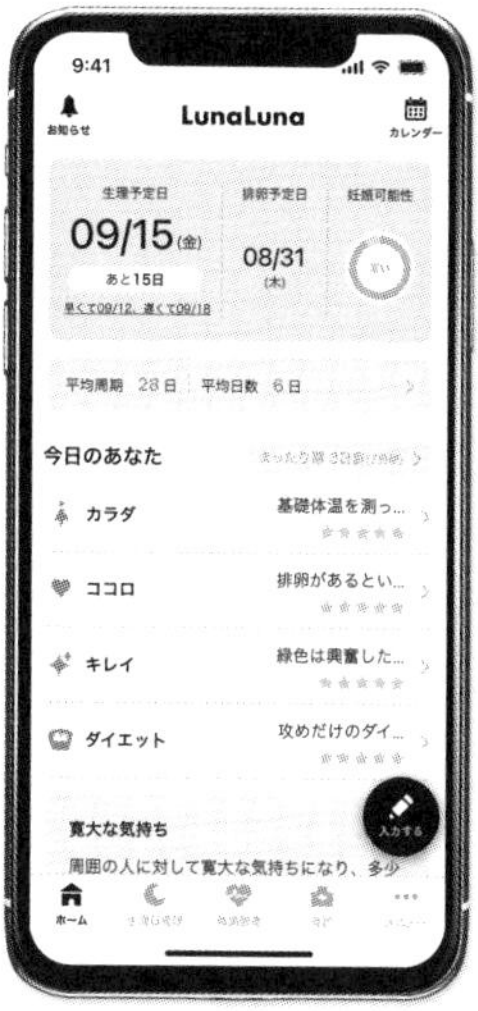

女性の健康サービス『ルナルナ』

ルナルナ

能性もあるため、婦人科を受診したほうがよいです。

継続して長期的に記録することで、ささいな変化でも気付くことができるようになりますし、自分の健康状態を把握する手掛かりになります。

スポーツをしている子どもならば、試合などが月経と重なった時に、パフォーマンスに影響があったのかどうかを記録することも重要です。普段のパフォーマンスとの違いを記録しておくと、再び重なってしまった時にどう対処すればよいのか考えるきっかけになります。

そして、注意点が1つ。これは特にスポーツをしている子どもに多いのですが、調子が悪くても、「正常性バイアス」が働くのか、何となくその通り書きたくないと取り繕ってしまう人がいます。ですが、後々の自分のため、調子がよい時も悪い時も、正直にそのまま書くことが大切です。

「基礎体温」も記録していくのがベストです

月経の開始日・終了日、状態の記入に慣れたら、ぜひ「基礎体温」も記録してほしいと思います。

基礎体温とは、「朝目覚めた時」に起き上がらずに、「寝たままの安静の状態」で測った体温のことです。外気の影響を受けないよう口の中で測ります。

第２章で説明したように、女性の体温はホルモンの影響で変動します。その変化は１日ずつくらべるとごくわずかなのですが、継続的に測定して記録していくと、１ヵ月の中では明らかな傾向が見えてきてます。

数サイクル記録していけば、排卵日や、次回の月経がはじまるタイミングを予測できるようになります。また、排卵の有無を含め、月経異常を早期に把握することもできます。記録からどの時点で異常が出てきたのか分かるので、婦人科を受診した際もスムーズに診断と治療ができるようになります。

基礎体温を測定したことがある方は分かるかもしれませんが、「朝目覚めてすぐ、寝たまま安静の状態の体温を毎日測る」ということは、なかなか大変な作業です。私自身も測定をしていますが、測定を忘れてしまったり、出張先に体温計をもってくるのを忘れてしまったりすることもあります。

でも、１日くらい抜けても気にする必要はありません。ここで大切なことは、まずは継続してみるということです。抜けても忘れてもとにかく測定を続ける。そして、大人でも継続するのが大変なこの作業を、子どもが継続できていたら褒めること、基礎体温の確認を手伝ってあげることが大切です。それにより、子どもは継続する意欲が増しますし、データが蓄積され目に見える形となることで、自分の体調や身体の状態と月経の関係をリンクして捉えやすくなったり、測定の意義を感じたりすることができるようになります。

基礎体温の記録は、月経を記録しているアプリやノートに数値を記するだけでもよいですが、「基礎体温表」に記入して折れ線グラフにすると、変化が一目で分かります。下記QRコードのサイトなどでテンプレートをダウンロードできます。繰り返しになりますが、1日くらい計測を忘れてしまっても構いません。翌日からすぐに再開してください。

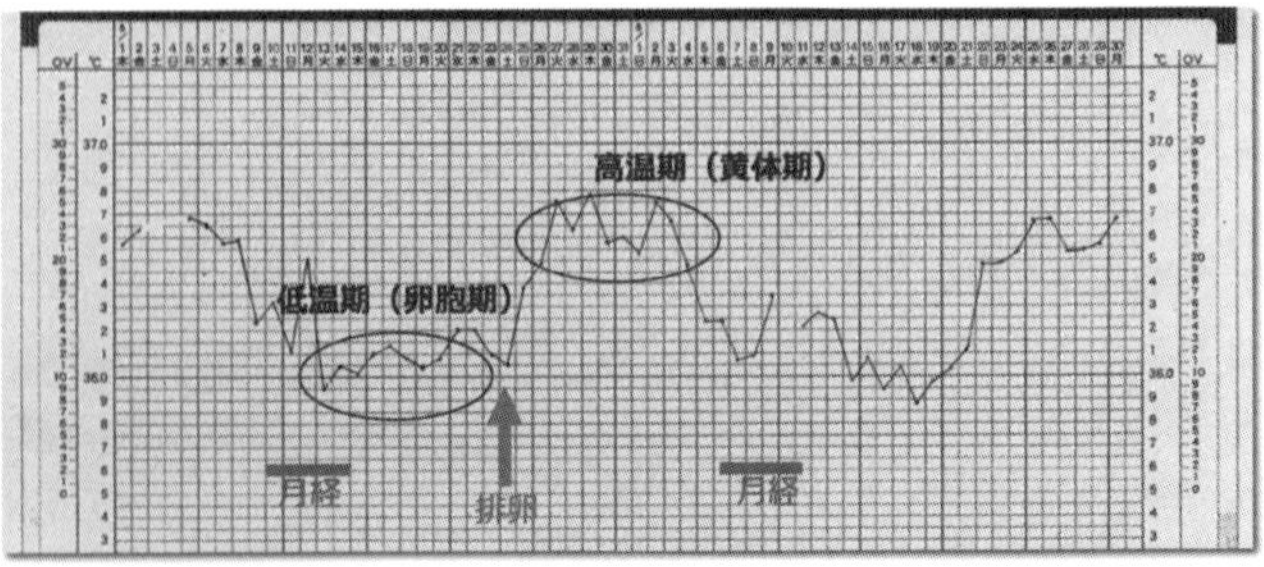

花王

富士製薬

エスエス製薬

無料でダウンロードできる基礎体温表

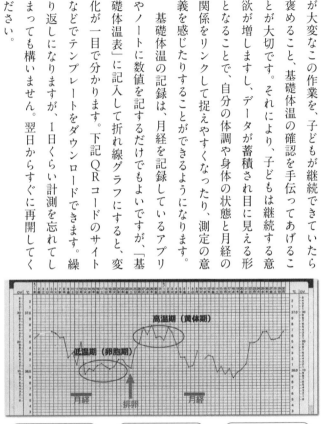

基礎体温は「婦人体温計」で計測します

基礎体温を記録するためには、体温の細かな変動が測定できる「婦人体温計」が必要となります。通常の体温計は小数点第一位までしか計測できませんが、婦人体温計は小数点第二位まで測ることができます。

安いものであれば１０００円程度で、ドラッグストアやオンラインでも購入可能です。近年では、Bluetoothが搭載されていて、計測したデータをパソコンやスマホに送信できる婦人体温計も出ています。５０００円前後とやや高価ですが、かんたんに記録が残せて便利です。また、Bluetooth搭載の婦人体温計にはアラーム機能が付いているものもあるので、目覚まし代わりにもなります。朝１人で起きて、体温を記録することも、「自立」につながります。

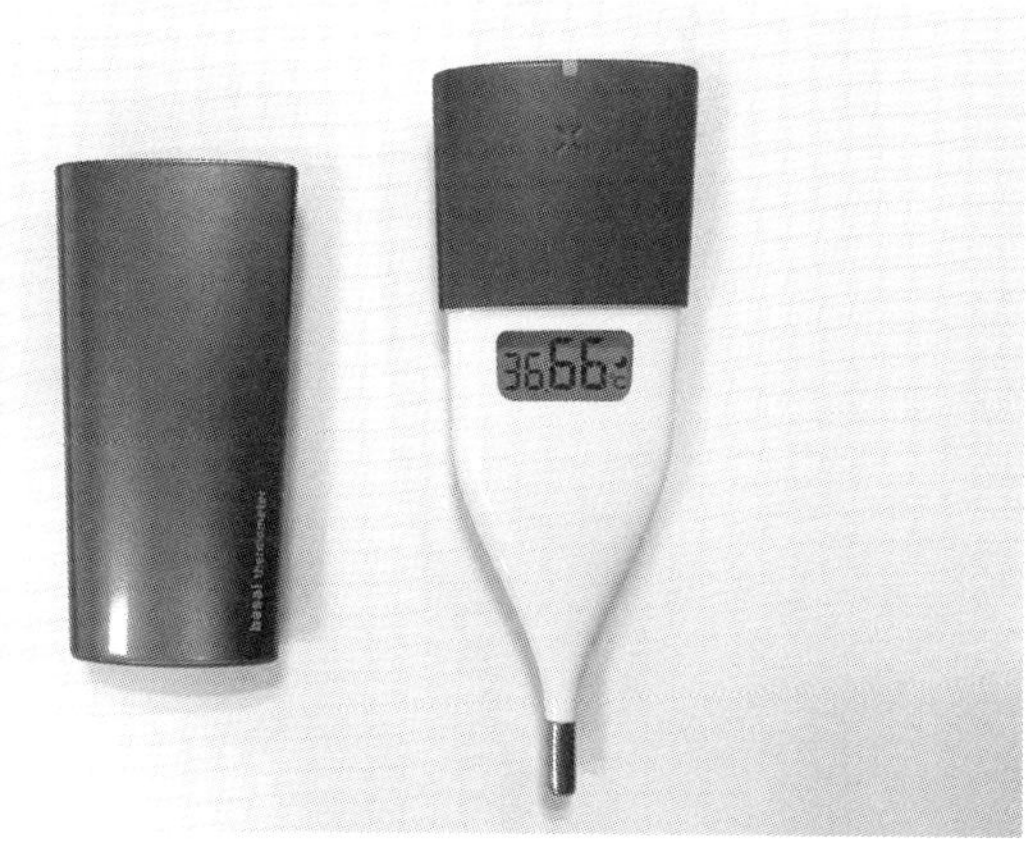
小数点第二位まで測定できる婦人体温計

月経によって体重に影響が出る場合もあります。食欲が増進したり、体に水分がため込まれやすくなるので、むくんだりする人もいます。スポーツをしている子どもの場合、特に体重がパフォーマンスに影響を与える競技や、減量が必要な競技では、試合前に予想外に体重が増えている・減っている！　なんてことになったら困りますよね。ですから、月経の状態とともに、体重も記録していくことをおすすめします。

体重も継続して記録していくと、「月経周期の中でこの期間は体重が増えやすい」など、傾向が把握できるようになります。月経による自分の身体の変化を受け止めて対応し、１００％の力を出せるようにすること。これを「コンディショニング」といいます。

ここまで述べてきた月経や基礎体温の記録を含めて、私は指導しているジュニアアスリートには、以下の項目について記録を付けることをすすめています。

・月経の記録（いつ来ていつ終わったか、付随する症状）

・体調：1～10の中でどの段階か、主観的に判断
・基礎体温
・体重
・食事の内容
・食欲（あり、なし）
・気分
・練習メニュー
・緊張度、疲労度

いわばフルスペックの記録で、抜けてしまう日があるかもしれませんが、それでもよいのでとにかくはじめてみて、続けることが大切です。最初のうちはただ記録をしているだけで成果を感じなくても、続けていくとコンディションの傾向が分かるようになりますし、不調があった時に原因を考える手掛かりになります。

例えば、「しっかり食べていて、減量も特にしていないはずなのに体重が減っている……」なんてことがあった時。何も記録していない場合、思い当たる理由がなければ放置してしまうか

もしれません。でも記録していれば「食事は足りていたか？」「水分量は？」「練習メニューとのバランスは？」とチェックができるポイントになります。

不調の場合は、「セルフチェックシート」に症状を書き出してみましょう

月経については、不調を感じていても、通常の範囲のものなのか、何らかの異常があるのか、判断がつかないこともよくあります。そんな場合におすすめしたいのが、次ページに示した「セルフチェックシート」です。

もし、毎日の記録で子どもが（あるいは女性ならご自身でも）不調を感じていると分かった場合、このシートにチェックを入れて、婦人科の医師に相談するようにしましょう。後述しますが、気軽に医療につながれるようになるのも、月経教育の目的の1つです。これだけで婦人科を受診して大丈夫かな……なんてためらう必要はありません。

月経セルフチェックシート

□ ❶月経痛がとてもつらい
□ ❷月経痛で痛み止めを飲んでも効かない
□ ❸年齢が進むにつれて月経痛がひどくなっている
□ ❹経血の量が多い
（夜用ナプキンでも漏れてしまう、５００円玉よりも大きなレバー状の塊が出る）
□ ❺月経期間以外でもお腹が痛い
□ ❻月経前にイライラ、体重増加、むくみなど、体調の変化がひどい
□ ❼15歳になってもまだ月経がない
□ ❽月経が毎月きちんと来ない・間隔が不規則
□ ❾月経が３ヵ月以上止まっている

制作編集：一般社団法人女性アスリート健康支援委員会　カラダテキストブック『スポーツ女子をささえる人に知ってほしいこと』より引用

記録したデータは大人が定期的にチェックしフィードバックしましょう

月経の記録は、子どもが自分自身で把握するだけでなく、保護者や指導者も定期的に確認しましょう。体調を確認するという意味合いだけでなく、子どもが継続するモチベーションを保つという面でも、大人からのフィードバックは必要です。

体調の良し悪しを1～10の段階で評価させると、子どもの主観的な評価なので、その振れ幅は姉妹や同じ競技をしている子どもでもまったく異なります。ずっと「5」の子もいれば、「1」とした次の日に「9」とする子もいます。

でも、たとえ振れ幅の少ない子であっても、ある時ふっといつもと異なる振れ方をすることがあります。大人は、そこを見逃してはいけません。声を掛けたり、相談に乗ったりして、ジュニアアスリートであれば練習メニューを調整しましょう。

③ 子どもの「相談力」を高めよう

月経について「助けて」と言える子どもを育てるコツがあります

ここまで月経を記録する方法をお伝えしてきました。しかし、月経を記録しても、子どもが異変に対処することができなければ、意味がありません。そのため、月経教育では、子どもが周囲の大人に気軽に相談できるようになる力を身に付けることがとても大切です。言葉は悪いですが、子どもに周囲を「上手に頼る力」を育成する必要があるのです。

しかし、大人が「月経で困ったら話してね」と言うだけでは、当然、子どもは相談できるようになりません。まず、基本的なことも含め、子どもが相談しやすくなる具体的な「接し方」を紹介します。

①何気ない会話の中で振る

私が一番心掛けていることです。いきなり月経の話を振っても、子どもはついてこられません。

ですので私は、ジュニアアスリートの場合、「元気？」「最近（競技の調子）どう？」など、日頃の調子をざっくりと聞くことからはじめます。表情やトーンは、努めてフランクに、自然なテンションで声掛けをします。事前に、趣味や夢中になっていることなどの話題を聞きだし、「それが好きなんだ」「ほかに何が好きなの？」などパーソナリティを把握しておくのもポイントです。そして、子どもとの適切な距離感を掴めたら、会話の流れの中で、何でもない話題かのように「生理はどう？」「順調？」とサラっと質問します。すると、子どもも、それまでの一連の会話の流れと受け止め「大丈夫です」「検査行きたいんですけど、どうすればよいですか？」など、答えてくれるようになります。

また、当然のことではありますが、信頼を得るためには、子どもの人格を尊重することが大事です。子どもには、本人の同意なく第三者に聞いたことを共有することはないと、しっかり示しておくことが必要です。

②間違っている発言でも否定しない

子どもの中にはネットなどで、月経についての不正確な知識を仕入れ、誤った思い込みをしていることもあります。例えば「ネットで調べたら、鎮痛剤は癖になるので危険だとありました」

という発言に対し、「それは間違ってる」と頭ごなしに否定すると、子どもが委縮し素直に相談できなくなってしまうので、効果的ではありません。「よく調べたね。偉いね」と褒めて受け止めた上で、「飲むタイミングや回数を考えて服用すれば大丈夫。薬を飲む時には必ず使用可能なものか確認する必要があるから公式ホームページを見てみようね」など、新しい視点を提示します。「指導する」のではなく、「会話する」ことに力点を置いてほしいと思います。

③子どもの月経について自分や他人の経験と比較しない

月経の重さや症状については「個人差が

大きく、そのつらさは自分自身にしか分からない」という大前提で子どもに接する必要があります。

月経でつらい思いをしたことがない男性、あるいは女性の中には、子どもが不調を訴えてもきちんと、取り合わない人もいます。また、男性の場合は、目の前の子どもの訴えと、ほかの女性から聞いた話を比較して、「それは○×だから大丈夫」など判断してしまうことがあります。

しかし、月経は症状も感じ方も一人ひとり異なります。自分の経験から導いた考えを押し付けたり、的外れな比較をしたりすると、子どもは二度と相談できなくなってしまいます。子どもが勇気を出して症状を訴えてきた

お腹痛い？
それくらいお母さんもよくある！
大丈夫
我慢できるよ
これ
我慢するのか…
お腹痛くて…
そうなの？
どのへん？
分かってくれて
よかった…

のなら、まずはそれを受け止めて、次の行動を考えましょう。

④「モノ」を介在させながら話す

自分と子どもの間に、生理用品の現物などの「モノ」を置いて、モノの話題を中心に会話するのもとても有効です（子どもたちの食いつきが違います）。一対一だと気後れしてなかなかしゃべれない子どもでも、モノが介在することで、より安心できるようです。

③では、月経について自分や他人の経験とくらべないことが大事と述べましたが、生理用品については別です。女性同士の情報交換といった感じで、「これはよかった」「このグッズはここがすぐれている」など、使ってみ

た自分の感想を交え、具体的に話します（ですので、女性ならできるだけ色々な生理用品を自分で使ってみることも大切です）。すると、子どもからも、どんどん質問や、今悩んでいることなどが出てきます。

⑤行動で「理解」していることを示し、信頼を得る

子どもが相談できるようになる一番の近道は、大人が言葉を掛けるとともに、「月経のことをきちんと理解している」と行動で示すことです。例えば、月経についての本を読む、講習会に出かけるなど、大人が勉強している姿勢を子どもに示すと、子どもは「自分のことを考えてくれている」と大人への信頼を高めます。

私自身も、最初から月経教育の専門家だったわけではありません。必要性を実感して勉強するうちに、

あの子ももう中学生だし
この講習会
一緒に行かない？
心配してくれてるんだ
思春期女子の体サポート

子どもからの相談が増え、さらに勉強することで信頼を得て、今ではトップレベルを含めた様々なジュニアアスリートを指導するようになったのです。最初の一歩は、大人が行動することです。

男性でもできるサポートはたくさんあります

ここまで読んで、女性だからできることも多いと感じた男性もいると思います。男性の場合、子どもにとって、女性よりも月経に関する相談をするハードルはやはり高いものです。セクシュアルハラスメントと捉えられないか心配される方もいます。

しかし、男性でも、子どもが信頼していれば、以下のような方法で子どもの月経について確認し、サポートすることができます。

①女性の保護者とのコミュニケーションを通して確認する（可能な範囲で）

父親なら配偶者、教員やスポーツ指導者などであれば学校の養護教諭や女性の保護者とのコミュニケーションを通じて子どもの月経を把握するのもよいでしょう。サポートが必要な場合も、配偶者や保護者を通じて伝えてもらってよいでしょう。

②日誌等を介して確認し、子どもとコミュニケーションをとる

84ページで紹介した月経の記録を活用する方法です。子どもに月経開始日、症状などを書いてもらい、提出してもらいます。気になることや気付いたこと、アドバイスなどは、直接話すのではなく、日誌の所見欄に記入して伝えます。もちろん、女性の保護者や指導者でも有効な方法です。

③カレンダーで共有する

これは、指導していた学生と話をしていて、教えてもらった方法です。彼女は父親と2人暮らしをしていました。ある時、父親からトイレに貼ってあるカレンダーに、月経が来た日を書いておいてほしいと言われたそうです。それにより、彼女の父親は、月経前の時期には声を掛けるタイミングを見計らったり、月経中は鉄分が多く含まれるドリンクを置いてくれたりしたそうです。本人はさらりと話をしていましたが、この話を聞き私はとても感動しました。子どもを思う気持ちはもちろんのことですが、父親としてわが子の身体を理解しようと具体的に行動されていることが、すばらしいと感じました。直接的なコミュニケーションだけでなく、カレンダーを活用するという情報共有も上手だなと思いました。

④月経に関する講義、資料による指導などをおこなった上で、可能であれば選手と直接話をする

これはスポーツ指導者向けの実践です。競技指導の一環として、子どもたちに月経についての講義をおこないます。男性と個別に月経の話をするのを嫌がる子どもでも、講義形式の一斉指導ならば、抵抗感も薄れます。全体に指導した後、可能なら「困っていることがあれば、個別に相談に来てください」と呼びかけ、選手と直接話をします。

大前提として、男性だとしても、月経について勉強していることを行動で示していると、子どもは相談しやすくなるのは変わりありません。どう対応してよいか分からず悩んでいた男性コーチが私の講演会に参加し、そこで得た資料と知識を話すと、子どもが安心して相談できるようになった

先日教えてもらった本
勉強になりますね
おはようございます！
よかったです！
月経教育
監督も指導の
勉強してるんだ

という事例もあります。

子どもに心を開いてもらうためには、「子どもの成長」のために「月経が来て当たり前」というスタンスをはっきり示しておくことが大切です。折を見て、このことに繰り返し触れてもらい、フラットに話せる雰囲気づくりを心掛けてもらえると嬉しいです。

ちなみに、私はスピードスケートのエリートアカデミー（競技者としても人間としても成長し活躍する選手を育成するために、有望な高校生を寄宿制で育成するシステム）でも、女性アスリートのコンディションに関する講義をおこなっていますが、これは男女問わず選手全員が受講することになっています。月経などに関する基礎的な内容については男女ともに、具体的な対処などについては女子選手のみを対象に講義をおこなっています。すべての人がお互いを知り、ともに生きていくためにも大切な取り組みであると考えています。

完璧を目指さず、できることからゆるくはじめてみましょう

とはいえ、ここまで述べてきたことを、いきなりすべて完璧にこなすことは難しいでしょう。

大人向けの講演会などで話をしていても感じることですが、一度に色々なことをお伝えすると、

皆さん「無理。こんなにできない」と高いハードルを感じるようです。

ですから、まずはできそうなものから、少しずつ実践してみてください。まずは、子どもに体温と生理の開始・終了日だけでも記録するように伝え、定期的にチェックしてみてください。スポーツの指導者ならば、子どもに練習ノートのようなものをつけさせている人もいると思います。そのノートに、子どもの体調、できれば体温を記録する欄を加えてみましょう。慣れてきたら、そこからほかの項目へ広げていくというパターンもありだと思います。

大切なのはとにかくはじめてみること。できそうなものから、ゆるくでよいのです。

4 「病院に行く」を当たり前にしよう

医師とつながるのも「月経教育」の大きな目標です

ここからは、私が月経教育の中でも、特に重視していることをお伝えしていきたいと思います。

それは、「気になることがあれば、ためらわずにすぐに病院に行く」ということです。

月経に関することは「婦人科」で診察してもらう必要がありますが、子ども本人だけでなく、保護者も、子どもが婦人科に行くことに対する抵抗感が強い人が多いようです。最近は「アスリート外来」といった病院もあり、これだと抵抗感はなくなるようですが、まだまだ数は少ないです。

しかし、歯が痛ければ歯科に、ものもらいができたら眼科に、捻挫をしたら整形外科に、特に躊躇なく行かれるはずです。婦人科だって何ら変わりはありません。月経に関して、何か悩みや異常があると子どもが訴えた場合には、すぐに医師を頼ってい

病院に行くのは当たり前
月経痛がひどいので
婦人科へ
ウィメンズクリニック
捻挫したので
整形外科へ
整形外科
歯が痛いので
歯医者へ
デンタルクリニック

ただきたいと思います。婦人科受診をためらって症状が悪化してからでは、対応に時間がかかり、子どもが長くつらい思いをすることになります。以下のような症状がある時は、婦人科受診の合図です。すぐに受診しましょう。

・３ヵ月以上月経が止まっている
・月経不順がある
・毎回月経痛が強い
・月経痛で鎮痛剤を飲んでも効かない
・年齢が進むにつれて
　痛みが強くなっている
・月経期間以外でもお腹が痛い

特にアスリートの場合、医師との連携は必要不可欠です。なぜなら、医師の判断をあおがず、市販の痛み止めや風邪薬などを服用すると、ドーピング違反になってしまう可能性があるからです。医師にスポーツをしていることを話せば、ドーピングなどの問題にならない薬を処方してもらえます。

子どもが自ら「少しでも気になることがあったらすぐに病院へ行く」「何でも医師に相談する」という選択がとれるようにすることも、月経教育の大切な役割です。

月経についての受診ですぐに内診することはありません

婦人科を敬遠してしまう理由の1つとして、「内診されるのではないか」と不安に思う方が多いことが挙げられます。子どもの意思とは関係なく、保護者が行かないという判断をすることもよくあります。しかし、これは誤った認識です。一般的な婦人科の診察の内容は次の通りです。

①問診　月経不順、無月経、月経痛の有無などを確認する
②内診・超音波（必要に応じてMRI）　子宮や卵巣に異常がないかをチェックする
③血液検査（必要に応じて）　ホルモン値や貧血の有無等をチェックする

このように、きちんと段階を踏んで検査をしていくのが通常です。月経に関する症状で受診

した子どもに、説明や確認もなくいきなり内診することはありません。

保護者として、どうしても子どもを婦人科に行かせることが不安なのであれば、まずは保護者自身が検診に行ってみることをおすすめしたいと思います。体に異変がなくとも、検診に行くのは問題ありません。そうすると、婦人科への印象が変わるかもしれません。

婦人科の医師も「何かあればすぐに受診してほしい」と願っています

私は仕事柄、婦人科の医師とお話する機会もよくあります。実は先生方自身も、婦人科を受診するハードルが高いことに悩んでいて、「婦人科に来ていただくことのハードルを下げたい」とお話されます。地域住民の健康を守るのが医師の使命で、そのためには早期の受診・治療が不可欠と考えていらっしゃるからです。

「こんなことで受診するなんて」と思う医師はいません。婦人科の先生方も「不安があればすぐ病院に来てほしい」という気持ちでいることを、読者の皆さんにはぜひ知っていただき、子どもにも伝えてほしいと思います。

大事なのは、「何をどうしたいのか」子ども自身が医師に自分の状態を伝えることです

さて、実際に婦人科を受診すると決めたとします。高校生以下の子どもであれば、保護者も一緒に行くというケースが多いでしょう。月経教育において、この場面でぜひ大切にしたいことがあります。それは、医師に症状や状態を説明する際には、保護者が話すのではなく、子どもが自分自身の言葉で語るということです。

何度も繰り返していますが、月経教育の最上位目標は「自立」です。保護者が前面に出て医師とやり取りしてしまうと、子どもは「保護

月経痛がひどいと言うので
確認したところ
基礎体温が乱れていて…
それで○×□で
△△のようで…
ボー…
自分で話してごらん
基礎体温を
つけているのですが
乱れていて…

者に連れてこられた」「周囲の大人が何とかしてくれる」という受け身の姿勢になってしまいます。

しかし、子ども自身が「健康な状態を保ちたい」「コンディションを上げたい」と認識していなければ、一時的に治療で回復したとしても、また同じ症状を繰り返しかねません。子どもがきちんと自分の体に向き合い、自分事にできるよう、大人が意識付けしていくことが月経教育です。

もちろん、子どもたちはすぐには自分の体調を言語化することはできません。医師に伝えるよう促しても、うまく話せないこともよくあります。そんな時は、次のような3ステップの声掛けが有効です。

①言語化　「今、自分の体調はどんな状態にあると感じている？」など
②シチュエーション把握　「何に困っている？」など
③自己決定　「（②で聞いた困っていることを）どういうふうにしたいの？」など

こんなふうに順を追って話を促していくと自分の言葉で語りやすくなるでしょう。

月経教育を通じた「自立」という観点から、医師から提案された治療法を受け入れるか、または薬を飲むか・飲まないかなど、対処の方法も最終的には子どもが自分で決断することが大事です。

もちろん、子どもに判断を丸投げするという意味ではなく、保護者や指導者は最大限のアドバイスと情報、必要があれば自分の考えを述べてサポートします。

例えば、私の元にはピルを使うかどうか相談にやってくる子どもも多数いますが、その場合は「××という薬を使ったら○○という副作用がある」というような説明をして、競技をする上での考えられるメリット・デメリットといったことを示しています。それでも最後には必ず「自分がどうしたいか、自分で決めようね」と伝えます。その結果、ピルを服用するという判断に至り、その後、体調に合わないと感じて、自分でやめるという決断をした選手もいます。

自己判断力の育成。月経教育をおこなう立場として、常に大事にしていることです。

子どもが月経の状態を
言語化できるよう
サポートを！
今どんな状態？
お腹が痛い
痛いと何が困る？
トレーニングできない
どうしたい？
痛みを無くしたい
鎮痛剤
使ってみますか？

第3章のPOINT

- 月経のセルフチェックシートをやってみる（保護者の方もぜひ一緒に！）
- 子どもが自分の身体の状態を説明できるようになることが大切
- 大人は子どもから具体的な言葉を引き出す言葉掛けをしていく
- 月経を「見える化」する（月経の記録と基礎体温の測定）ことが、身体の状態の言語化につながる
- できることからスモールステップではじめる（まずは、月経開始日の記録だけでも十分）

第4章

「月経教育」をしよう② ―対処編

1 痛みがある場合の対処法
- 基本は血行を改善することです
- 鎮痛剤の服用は悪いことではありません
- ジュニアアスリートの場合は禁止薬でないか必ず事前確認してください

2 ピルを使った月経調節
- ピルは「怖い」というイメージはつくられたものです
- 欧米ではピルは一般的で、アスリートにも浸透しています
- ピルには種類があり、使用する目的に合わせて選択します
- 継続して服用する方法と、一時的に服用する方法があります
- ピルには副作用があります
- 使用するなら月経調節をしたい時期の3ヵ月前から使いましょう
- ピルの服用によりパフォーマンスが落ちることはありません

3 月経期間中の「貧血」に気を付ける
- 「鉄欠乏性貧血」になりやすいです
- 倒れなくても貧血になっていることがあります
- 食事や睡眠などが重要です

前章では、月経教育の基本である「月経の記録」や「人に相談すること」「病院にいくこと」の大切さをお伝えしてきました。ここからは、実際に月経により体調不良が起きた場合にどうすればよいのか、その対処についてご紹介していきます。女性は閉経するまで、毎月の月経を避けることはできません。でもそれは、月経で体調にムラがあるから、日常生活やスポーツなどで、やりたいことを諦めないといけないということではありません。健康面・肉体面・精神面のコンディションを整えることができれば、常にベストパフォーマンスを発揮できるようになるのです。これを「コンディショニング」といいます。コンディショニングには、何も特別なことはありません。家庭でできるものばかりです。

1　痛みがある場合の対処法

基本は血行を改善することです

もし、月経による痛みを感じている時は、痛みを除去する・やわらげるよう対処する必要があります。一番手軽なのは、温熱療法です。温熱シートや湯たんぽを使って、下腹部を温めます。お腹と腰を前後から温めてもよいです。骨盤内の血行が改善されるため、痛みの軽減に効果が見込めます。

月経期間中のお風呂はシャワーだけで済ます、という方も多いと思いますが、浴槽に入り全身を温めると血行がよくなります。自宅の清潔な

お風呂なら細菌が入る可能性も少ないですし、入浴中は水圧で経血が漏れにくくなっています。抵抗がなければ、浴槽に浸かっても問題ありません。浴槽から出る時に経血が漏れてしまう可能性はあるので、心配な人は出る時にタオルなどで押さえましょう。

鎮痛剤の服用は悪いことではありません

月経痛には個人差がありますが、ひどい人は布団から起き上がることもできずに1日を過ごすこともあります。温熱療法ではどうにもならないこともあるでしょう。経験したことがある方ならお分かりの通り、長時間の鈍痛が絶え間なく続くのはつらいものです。

日常生活にも影響が出るくらいつらい場合、あるいはスポーツをしている子どもなら大事な試合で本来のパフォーマンスを発揮できないという場合、鎮痛剤を使うというのも1つの手です。

保護者や、スポーツをしている人の中には、月経痛をおさえるために鎮痛剤を飲むことに抵抗がある人がいます。でも、風邪をひいたら風邪薬を飲む、頭が痛くなったら頭痛薬を飲むのに、月経痛だと鎮痛剤の服用を拒む理由は何でしょうか。私が指導してきたジュニアアスリートにも鎮痛剤は飲みたくないという選手がいたので理由を聞くと、鎮痛剤を飲むと癖になってしまうという答えが返ってきました。

痛みを取り除けば１００％のパフォーマンスが発揮できるのであれば、ぜひ、温熱療法ととも に選択肢として考えてもよいのではないかと考えます。

ポイントは、痛みが強くなる前に服用すること。鎮痛剤は、月経痛の要因となるプロスタグランジンという物質の「分泌」をおさえる働きがあります。プロスタグランジンが分泌されはじめてから飲むと痛みがなくなるまで時間がかかってしまうので、痛くなることが分かっているのであれば、先に飲んでおいたほうが効果的です。

ジュニアアスリートの場合は禁止薬でないか必ず事前確認してください

国体や全国レベルの大会ではドーピング検査があります。鎮痛剤は市販のもの（非ステロイド性抗炎症薬）で問題ありませんが、スポーツをしている子どもの場合は、アンチドーピングの観点から、必ずドクターやスポーツファーマシストに事前に確認しましょう。また、（公財）日本アンチ・ドーピング機構の検索システム（Global DRO）や、（公財）日本スポーツ協会のホームページでも使用可能薬リストが確認できるので、薬を飲む時の参考にしてください。

なお、これらのリストは1年ごとに更新されるので注意が必要です。常に、最新のものを参照しましょう。

アンチドーピング機構「DRO」

日本スポーツ協会「アンチドーピング」

② ピルを使った月経調節

ピルは「怖い」というイメージはつくられたものです

温熱療法も鎮痛剤も、PMSや月経痛などの症状をやわらげる「対症療法」です。もっと根本的に、痛みそのものをなくしてしまう方法があります。「ピル（経口避妊薬）の服用」による「月経調節」です。日本では「ピルは避妊のために飲むもの」というイメージで、副作用もあり、使用するのは怖いという印象をもっている人も少なくありません。かつての私もその一人で、ホルモンの薬を飲むと、自分の体に何らかの変化が起きるのではないかと、漠然とネガティブな印象を抱いていました。

ピルには、第2章でも見た「卵胞ホルモン＝エストロゲン」と「黄体ホルモン＝プロゲステロン」が配合されています。これにより、体内のホルモンバランスを調整し、脳に「妊娠した」と認識させることで排卵（＝月経）を起こさなくします。

ピルは１９６０年にアメリカで初めて認可されましたが、当時はホルモン量の多い「高用量ピル」で、血栓症や胃腸障害などの副作用も見られました。その後、「低用量ピル」が１９７３年に開発され、以降、副作用の改善が続けられ、現在に至ります。

ところが、日本では１９９９年まで低用量ピルは認可されず、長い間、高用量ピルなどが服用されてきました。ピルは副作用が怖いというイメージは、この間につくられ、広まったものです。

もちろん、１２８ページで述べますが、現在の低用量ピルも副作用はゼロではありません。個人差があり、まったく副作用が出ない人もいれば、出る人もいて、その出現も人によって異なります。しかし、次のような様々な効果が望めます。

・ひどい月経痛をやわらげる
・ひどい月経前症候群（ＰＭＳ）をやわらげる
・月経をずらす
・子宮内膜症の予防や治療
・にきび改善

明確な理由がなく、何となく、「ピルは怖い」というイメージをおもちの読者の方は、まずこうした歴史・社会的な背景も知っていただきたいと思います。

欧米ではピルは一般的で、アスリートにも浸透しています

国連が発表した「避妊法２０１９（Contraceptive Use by Method 2019）」によると、日本の15～49歳の女性のピル服用率はわずか2.9％です。一方、欧米ではフランスでは33・1％、ドイツでは31・7％へ、カナダでは28・5％など実に3人に1人が服用している国もあります。

欧米のアスリートになるともっと服用率は高く、２００８年時点で83％です（※1）。日本

のアスリートも服用が増えてきていて、2012年ロンドンオリンピックの7%から、2016年リオオリンピックでは27・4%と、飛躍的に伸びています(※2)。恐らく2021年開催の東京オリンピック以降はさらに服用率が増加しているはずです。

こうした数値からも、世界では低用量ピルは受け入れられていて、怖いというイメージは、先入観に基づいたものだということが分かるかもしれません。

※1 Rechichi C, at al, Athletic performance and the oral contraceptive, Int J Sports Physiol Perform, 4(2), 151-62, 2009

※2 能瀬さやか他,"Health Management for Female Athletes−女性アスリートのための月経対策ハンドブックVer.3. 東京大学医学部付属病院女性診療科・産科", p75, 2018.

世界の女性(15〜49歳)のピル服用率

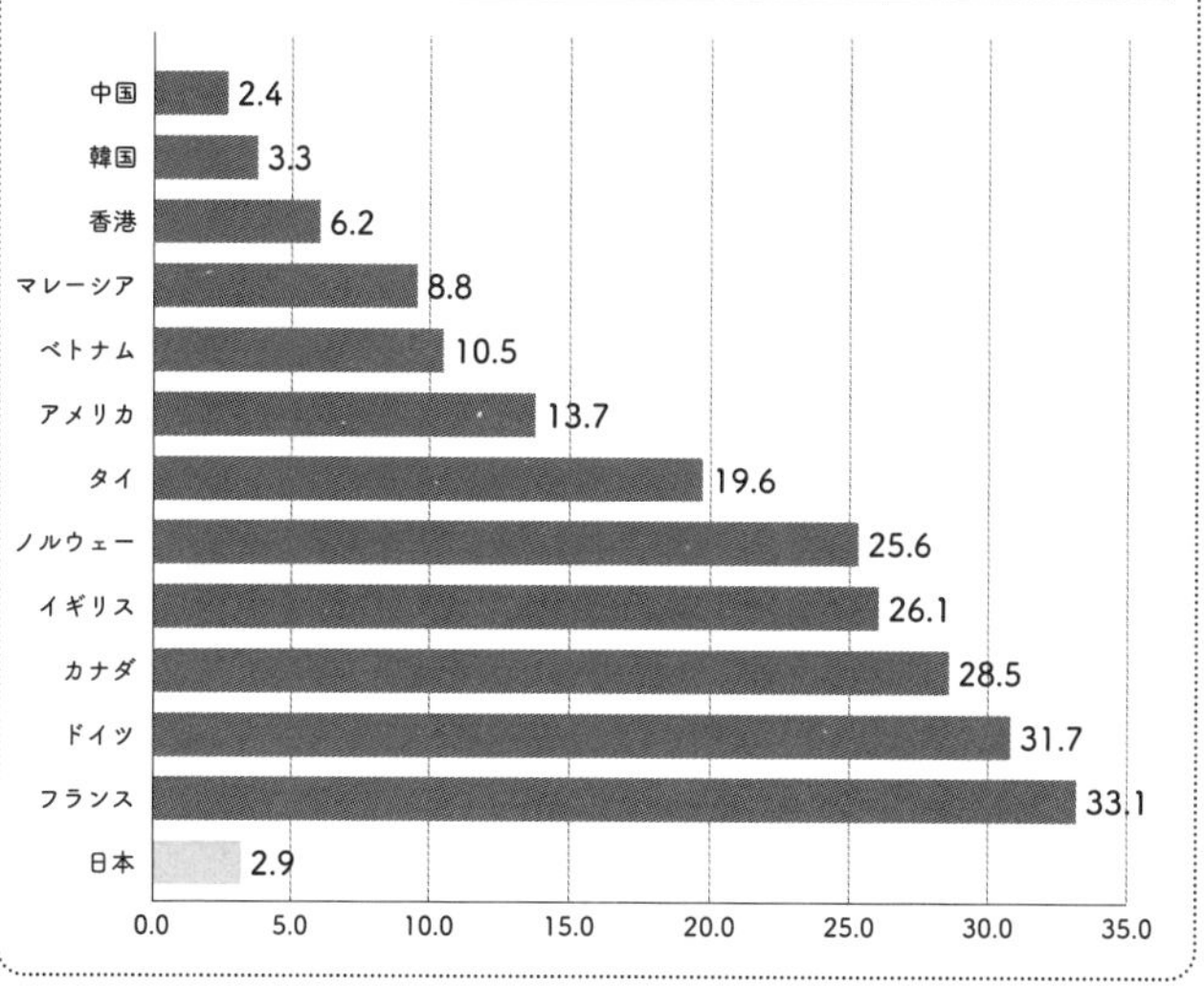
中国 2.4
韓国 3.3
香港 6.2
マレーシア 8.8
ベトナム 10.5
アメリカ 13.7
タイ 19.6
ノルウェー 25.6
イギリス 26.1
カナダ 28.5
ドイツ 31.7
フランス 33.1
日本 2.9
0.0
5.0
10.0
15.0
20.0
25.0
30.0
35.0

欧米のアスリートのピル服用率

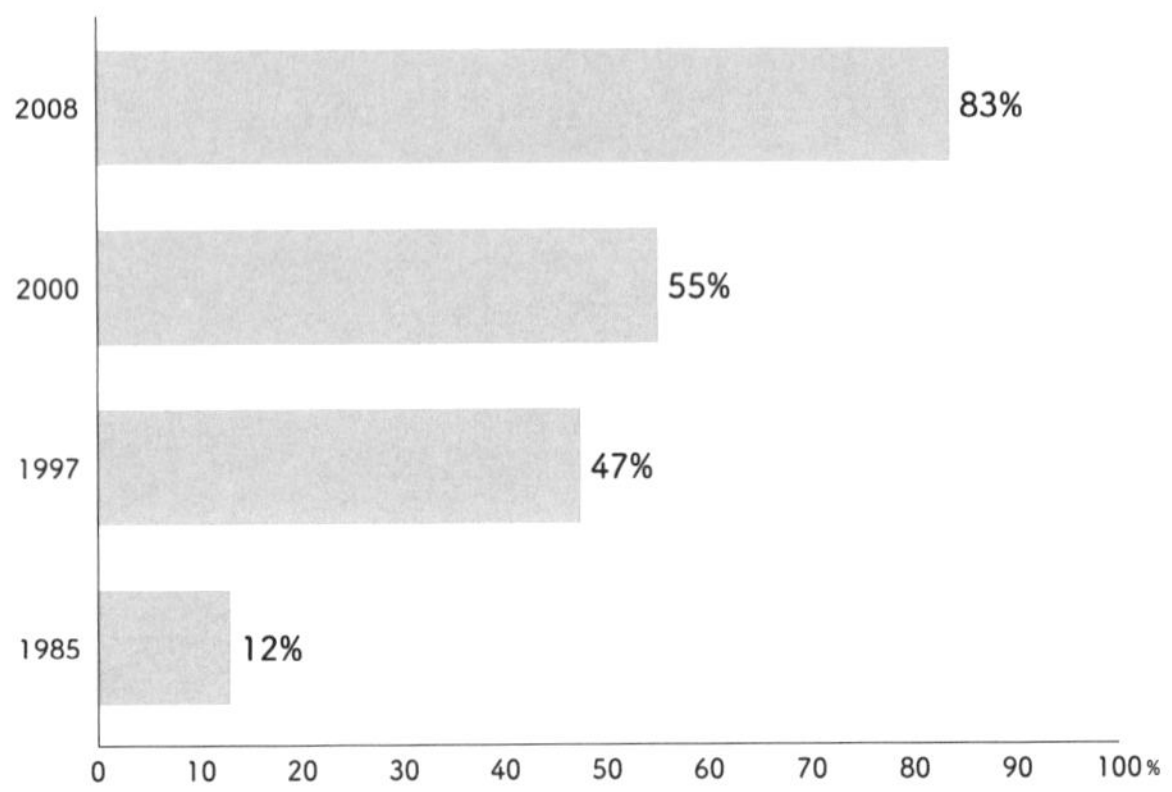
2008
83%
2000
55%
1997
47%
1985
12%
0
10
20
30
40
50
60
70
80
90
100%

日本のオリンピック選手のピル服用率

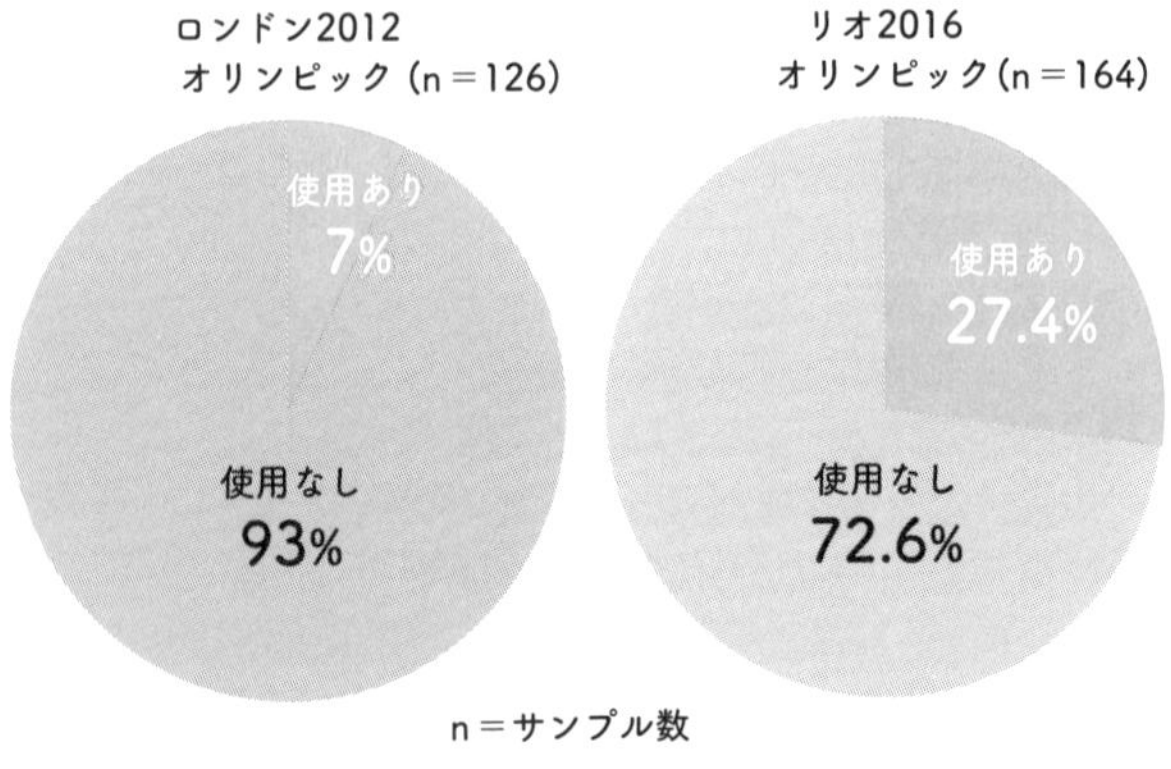
ロンドン2012
オリンピック（n＝126）
使用あり
7%
使用なし
93%
リオ2016
オリンピック（n＝164）
使用あり
27.4%
使用なし
72.6%
n＝サンプル数

ピルには種類があり、使用する目的に合わせて選択します

現在のピルは、エストロゲンの配合量によって「超低用量ピル」「低用量ピル」「中用量ピル」「アフターピル（緊急避妊薬）」という種類に分かれています。

このうち、月経調節で使うのは、超低用量ピル、低用量ピル、中用量ピルです（以下、本書では区別する必要がある場合を除き、「ピル」と表記します）。これらを入手するには医師の処方箋が必要です。どれを使うかは、どんなふうに月経調節をしたいかによって変わるので、医師に相談するとよいでしょう。

○超低用量ピル

含まれるエストロゲンが０.03ｍｇより少ないもの。「月経困難症」や「子宮内膜症」の治療のために使われ、保険が適用される。月経調節ではなく、避妊を目的にする場合は、避妊効果に関しての試験がおこなわれていないものもあるので、医師に確認する必要がある。

○低用量ピル

含まれるエストロゲンが0.05mgより少ないもの。規定量を毎日決まった時間に飲むことで、月経痛の軽減や高い避妊効果が得られる。副効用として、肌荒れ改善などもある。避妊効果が確認されているものは自費診療となる。

○中用量ピル

低用量ピルよりもエストロゲンの含有量が多い薬。主に月経調節のために使われる。月経を早めることも、遅らせることも可能。生理不順や月経困難症、出血量が多い過多月経などの治療にも使われる。

○参考：アフターピル

プロゲステロンが主成分で、緊急避妊薬として使われる。妊娠の可能性がある性交後72時間以内に服用することで避妊効果が得られる。性交後できるだけ早く服用する必要がある。2023年11月20日に医師の診断と処方箋なしで薬局で購入できる試験販売がはじまった。

継続して服用する方法と、一時的に服用する方法があります

ピルを使った月経調節は、次の通り「一時的な調節法」と「継続的な調節法」に分かれます。

○一時的な調節法……次回の月経をずらす方法で、主に中用量ピルを使用する。月経をずらしたい時期だけ、短期間服用する。

○継続的な調節法……年間を通して月経を調節する方法。PMSなどの治療にもなる。主に超低用量ピル、低用量ピルが使われ、毎日継続して服用する。

日常生活の中で、学校行事や試験、習い事やその他旅行など様々なイベントがあると思います。特に、大切な試験や修学旅行、研修などと月経が重なってしまうと、月経痛に悩まされたり、出血の心配をしなければならなくなったり、力を発揮できなかったり、楽しむことができなくなってしまっては残念です。その場合、例えばピルを服用し、一時的に月経を調節することで、不安や不便さなどを感じることなく活動することができるようになります。

スポーツ選手の場合は、年間を通じてピルを服用し継続的に月経を調節している選手もいれば、「この試合だけは月経とぶつかりたくないから」と一時的な調節をしている選手、シーズンがあ

る競技ではシーズン中だけピルを服用する選手など、様々なパターンがあります。

ピルには副作用があります

先述の通り、ピルの副作用は昔にくらべるとかなり改善されていますが、可能性はゼロではありません。副作用には、以下のようなものがあります。

・吐気
・頭痛
・浮腫
・不正出血
・胸の張り
・体重増加
・血栓症　など

この中で最も重篤なものは、血栓症です。血栓症とは血液中に血の塊ができ、血管をふさいでしまうことによって様々な障害を引き起こす症状のことです。しかし、確率としては非常に稀です。また、血栓のリスクは血液検査で分かります。低用量ピルの場合、2～3ヵ月ごとに婦人科で処方箋をもらって処方してもらう必要があるため、そのタイミングで血液検査を受ければ、かなりリスクが減らせるでしょう。

なお、血栓症は、タバコ、肥満によってリスクが高まりますが、前者は子どもやスポーツをしている人であれば、自然とクリアできているかもしれません。

また、ピル服用中は月経が来ませんが、もし、出血があった場合、服用中止期間（低用量ピルは使用中に、一定期間飲むのを止める期間があります）2～3日後なら子宮内膜がはがれて起きる「消退出血」です。服用中止期間中以外に出血があった場合には不正出血の可能性があるので病院を受診したほうがよいでしょう。

使用するなら月経調節をしたい時期の3ヵ月前から使いましょう

ピルの副作用が出るのは3ヵ月以内が多いとされます。「はじめに」や第3章で述べた通り、私も月経教育をおこなう身として、何事も経験しておかなくてはいけないと考え、長期間低用量ピルを服用したことがありますが、確かに当初は頭痛のようなものを感じたこともありました。

副作用は出ない人もいるとはいえ、スポーツをしている場合は、試合直前になって使用することは、不意の事態を避けるためにも、おすすめできません。月経を調節したい時期や大会がある場合は、2〜3ヵ月前までには婦人科を受診して、服用をはじめるようにしてください。

なお、現在日本で販売されているピルはドーピング禁止薬物ではなく、検査でも陽性になることはありません。しかし、ドーピング検査がある大会では、公式記録書に薬剤名を記入する必要があります。

ピルの服用によりパフォーマンスが落ちることはありません

私がよくスポーツ指導者から受ける質問として、「ピルを使って選手のパフォーマンスが落ちることはないのか」というものがあります。

現在の研究では、ピルの服用の有無によってパフォーマンスに差は出ないことが分かっています（※1）。本章でのちほど紹介しますが、むしろ、スポーツをしている子どもの場合、月経に起因する貧血（132ページ参照）などのほうがパフォーマンスに悪影響です。ピルは、月経による出血がなくなりますので、貧血の改善にも役立ちます。

ピルについては、保護者や指導者が正しい知識をもち、子どもが服用を希望した場合には、大人が上から判断を押し付けるようなことはせず、一度婦人科を訪れ、なぜ希望するのか、服用するメリットとデメリットなどについて親子で医師に相談してほしいと思います。

もちろん、絶対にピルを使ったほうがよい！　というわけではありません。あくまで選択肢の1つです。ただ、月経がつらくて仕方がないという子どもや、大事な試合などを控えているジュニアアスリートにとっては、ピルによって月経を調節できるのだという知識は、大きな安心材料になり得ます。

「子どもファースト」で決断していただければ嬉しい限りです。

※1　能瀬さやか編，日本医事新報社発行，女性アスリートの健康管理・指導，第3章 月経随伴症状，p.178-180, 2020.

③ 月経期間中の「貧血」に気を付ける

「鉄欠乏性貧血」になりやすいです

月経期間中には、経血と一緒に体の鉄分が失われるため、貧血が起きやすくなります。鉄分が不足すると酸素を運ぶヘモグロビンを十分につくることができず、全身で酸素不足が起こり、立くらみやめまい、動悸、息切れ、疲れやすいなどの症状が起きやすくなるのです。

さらに、スポーツをする女性は、月経による経血に加えて、トレーニング中にかく汗にも鉄分が含まれているため注意が必要です。スポーツによる貧血は「スポーツ貧血」「運動性貧血」とも呼ばれます。その多くは「鉄欠乏性貧血」です。

スポーツ貧血は、立ちくらみやめまいなどがなくても、酸素不足で持久力が下がることでトレーニングが思うようにできないなど、パフォーマンスに悪影響が出ることがあります。経血の量が多い場合（過多月経）は注意が必要です。

発汗による鉄分down↓
月経による鉄分down↓

貧血に関するよくある勘違いとして、「貧血＝突発的なもの＝貧血になったら倒れる」というものがあります。逆に言えば、倒れない限り貧血と思わない、気が付かない人が多いということです。しかし、貧血は「恒常的に」起こり得るものです。ここまでで触れた、立ちくらみやめまい、動悸といった症状も貧血です。

具体例として、私がサポートしていた子どもの中に、毎朝立ちくらみがあるという選手がいました。何気ない会話（ただし、私としては95ページで述べたような意図した会話でした）の中で偶然発覚したのですが、本人は毎朝のことなので、「当たり前」と思い込んでいました。しかし、それは貧血である可能性が高いので検査をすすめたところ、やはりスポーツ貧血という結果でした。

ほかにも、スポーツをしている場合は、ものすごく頑張っているのに、パフォーマンスが上がらない、トレーニングがこなせない、目に見えて疲れている、しかも本人も周囲も原因がよく分からないという状態になる選手がいます。この場合も、恒常的な貧血であることがあります。

食事や睡眠などが重要です

貧血は、多くは鉄分の不足が引き起こす問題です。
対処としては、まず日々の食事が非常に大切です。鉄分が多い食物としては、赤身の肉や魚、小松菜やホウレンソウなどが挙げられます。ただ単に鉄分が多い食物だけを摂取していればよいわけではなく、鉄分の吸収を助けるビタミンＣを含んだ緑黄色野菜や果物、動物性たんぱく質も一緒にとるとよいとされています。つまり、バランスのよい食事が大切ということです。

第５章でお伝えするエネルギー不足による無月経もそうなのですが、総じて、月経教育において、健康を守るために必要なことをあげると「バランスがよい食事をとる」「睡眠時間を確保する」「自分の体調の変化を気にかけ対処する」など、ごくごく当たり前のことにいきつきます。

トップアスリートに伝えることも、まったく変わりません。むしろ、トップアスリートは、当たり前のことをきちんと積み重ね、高いレベルで継続できているから、トップでいられるのです。ぜひ、読者の皆さんも、今日から、子どもたちと、当たり前のことを積み重ねていっていただければと思います。

第4章のPOINT

・痛みへの対処を理解しておく（温熱、鎮痛剤、ピルの服用）
・月経調節も1つの方法
・貧血にも注意する

第5章

「無月経」の怖さを知ろう

1 最大級に警戒すべき「無月経」

正常な月経周期は「25〜38日」です

無月経は、体が生命活動を優先し生殖活動を止めている状態です

無月経は「骨」をもろくし、最悪「骨粗しょう症」に至ります

10〜20代女性の骨密度の低下は、一生に悪影響をもたらします

無月経はすぐには回復しません

「競技をやめれば無月経は回復する」という割り切り方は危険です

2 無月経の防止と対処

消費した量のエネルギーは必ず補充してください

体重増加を怖がるジュニアの選手たちに伝えることがあります

エネルギーの「好循環」がパフォーマンスをあげます

食事制限から摂食障害になることもあります

どうしても減量しないといけない場合は「ゆるやか」にしましょう

保護者や指導者は「ストッパー」を自覚しましょう

異変がある場合はメンタル面も診てもらえる病院をおすすめします

「3主徴」から「RED-S」の時代に変わっています

第1章で、月経が来るのは「健康の証」で歓迎すべきものだと述べました。これとは逆に、恐ろしいのが、月経が来なくなる「無月経」です。脳が体に異変があると感じ、生命の維持を優先し、生殖活動である月経を止めるのです。それにも関わらず、子どもの中には、面倒な月経が来なくなってよかった、またすぐに元通りになる、などと考えて、放っておいてしまうケースもあるのです。無月経はどんな恐ろしさがあるのか、どのように対処すべきなのか、ご紹介します。

1 最大級に警戒すべき「無月経」

正常な月経周期は「25～38日」です

第2章で、正常な月経周期の日数は25～38日とお伝えしました。それよりも周期日数が短く24日以内であることを「頻発月経」、周期日数が長く39日以上であることを「希発月経」といいます。そして、「希発月経」が深刻化し、3ヵ月（90日）以上月経が来ないことを、「無月経」といいます。

月経周期

24日以内	頻発月経
25～38日	正常な月経
39日以上	希発月経
90日（3ヵ月）以上	無月経

無月経は、体が生命活動を優先し生殖活動を止めている状態です

普段、体のエネルギーは、生きていくための「生命活動」を最優先にして使われます。月経を含む生殖機能は、女性の体力と栄養状態にある程度の余裕がある時だけ働きます。つまり、体の中のエネルギーが足りなくなり、脳が生命活動に危機が迫っていると判断すると、とりあえず生命に不可欠ではない生殖機能を止めてしまうのです。

エネルギー不足になる要因は次の通り、①エネルギー消費量が多すぎるケース、②エネルギー摂取量が少なすぎるケース、③その両方、の3つのケースが存在します。

①エネルギー消費量が多すぎる

激しいトレーニングや、長時間の運動をしてエネルギー消費量が増加した後に、その増加分のエネルギーを補えないことで起こる。本人は食べているつもりでも、糖質をしっかりと摂取できていないなど、必要なエネルギー量を摂取していないこともある。

②エネルギー摂取量が少なすぎる

日常で消費するエネルギー量が摂取するエネルギー量を上回るケース。運動をしていなくても、過度なダイエット、摂食障害などで起こることがある。

③ ①と②の両方

トレーニングをしてエネルギーを消費しているのに、食事制限をしていて、必要なエネルギー量を満たせないケース。体操、新体操などの審美系の競技、陸上競技、体重階級制の競技などで、食事制限をしている選手に多い。

無月経を含めた月経異常になっている女性は、エネルギー不足により免疫機能が低下しているため、風邪を引きやすいという調査結果があります（※1）。また、次頁のイラストのように、同じ量のトレーニングをしても、正常な月経のアスリートとくらべて、パフォーマンスが向上しないという調査結果も出ています（※2）。スポーツを

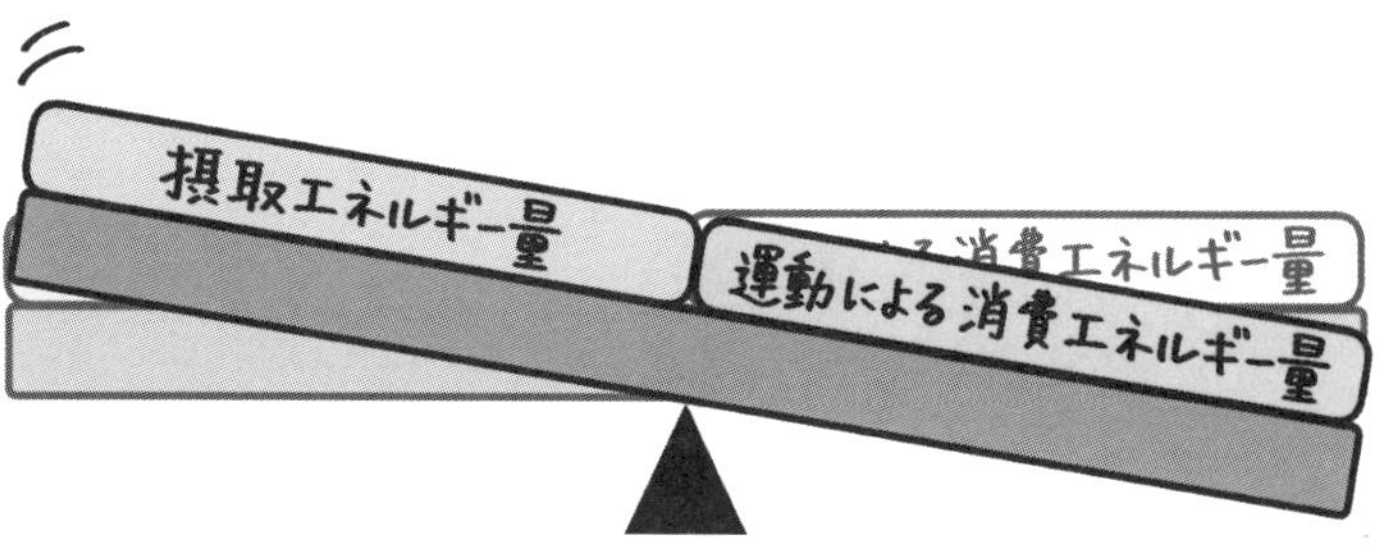

している子どもの場合、正常な月経を保ちながら競技を続けることが、健康面だけでなくパフォーマンスの発揮にも重要であるということです。

なお、本書では、おもにエネルギー不足を原因とする無月経についてお伝えしていますが、このほかストレス過多、子宮や甲状腺の病気などでも起こることを念のため付記しておきます。

※1 Shimizu K, Suzuki N, et al: Mucosal immune function comparison between amenorrheic and eumenorrheic distance runners. J Strength Cond Res. 5:1402-1406, 2012.

※2 Vanheest JL, et al: Ovarian suppression impairs sport performance in junior elite female swimmers. Med Sci Sports Exerc. 1:156-166, 2014.

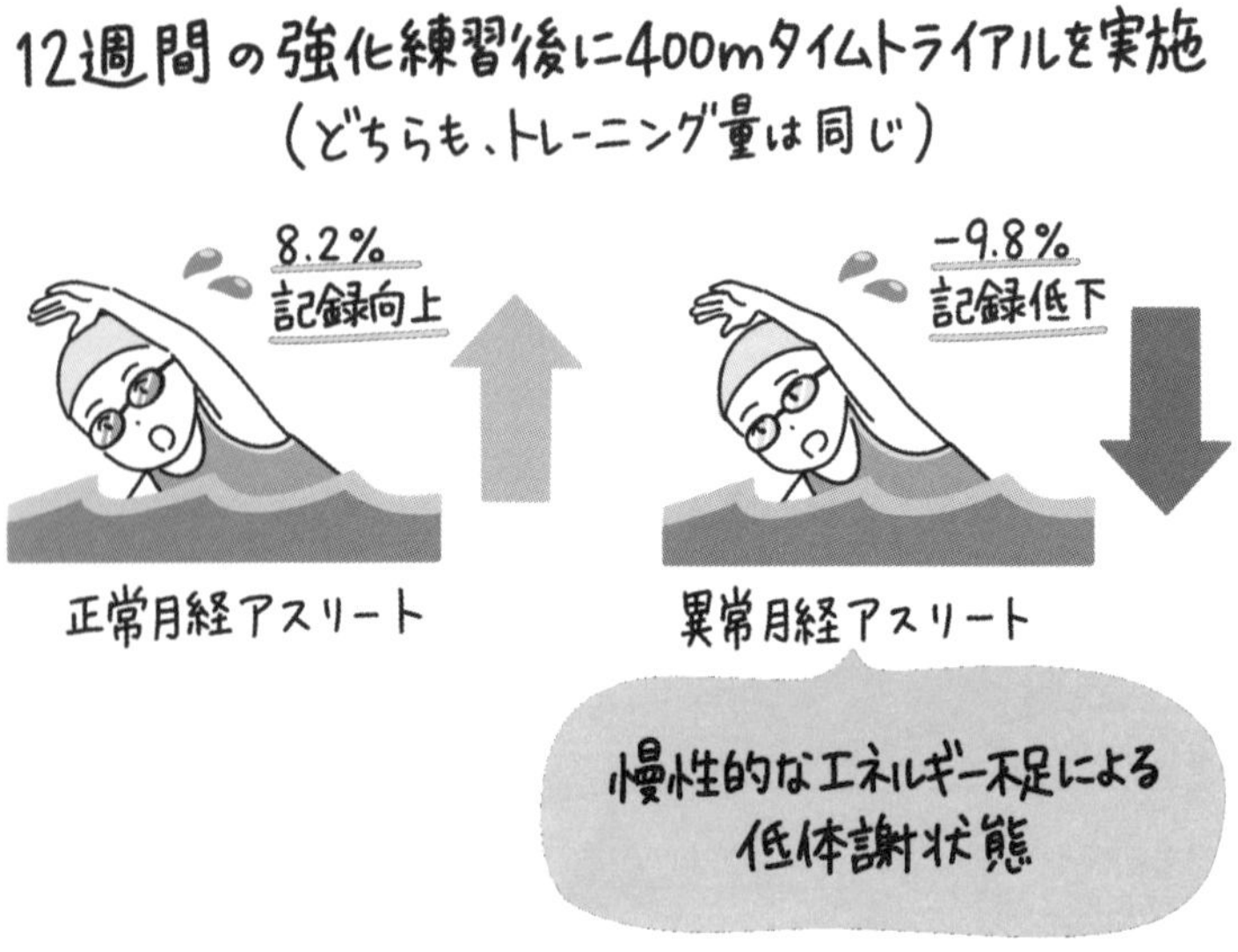

12週間の強化練習後に400mタイムトライアルを実施
(どちらも、トレーニング量は同じ)
8.2%
記録向上
-9.8%
記録低下
正常月経アスリート
異常月経アスリート
慢性的なエネルギー不足による
低体謝状態

無月経は「骨」をもろくし、最悪「骨粗しょう症」に至ります

ここまで読んで、エネルギー不足で無月経になっても、とりあえずは生命活動ができているのだから、そこまで大事ではないのではないかと思った人もいるかもしれません。しかし、この認識は大間違いです。なぜなら、無月経は「骨」に影響を及ぼすからです。

無月経になると、エストロゲンが分泌されにくくなります。エストロゲンは、骨を強くする働きをもつ女性ホルモンです。無月経が続き、低エストロゲン状態が続くと、骨密度が低下し骨がもろくなる「骨粗しょう症」につながってしまうのです。

骨粗しょう症になった状態でさらに激しいトレーニングを続け、弱った骨に負荷を与えていくと、「疲労骨折」を繰り返す体になってしまいます。

10〜20代の女性の骨密度の低下は、一生に悪影響をもたらします

女性は20歳ごろに人生における骨量のピークに達します。その後、骨量はしばらくピーク時の量を維持し、歳をとるにつれて減少していきます。つまり、10代のうちに無月経になり、20歳

ごろまでに十分な骨量を獲得できなければ、その後、一生少ない骨量で過ごさないといけなくなるのです。歳とともに骨量が減少していけば、それだけ骨折のリスクがどんどん高まっていくということです。

ですから、初経発来後にしっかりと月経が来ている状態で骨量を高めていくことが大切です。

記録やパフォーマンスにこだわることは、スポーツをする醍醐味でもあり、自分の限界に挑むことは知らない世界を知ろうとする尊い行為です。しかし、現役生活はいつか終わりますが、女性は一生女性なのです。どうかこのことを忘れないでほしいと思います。

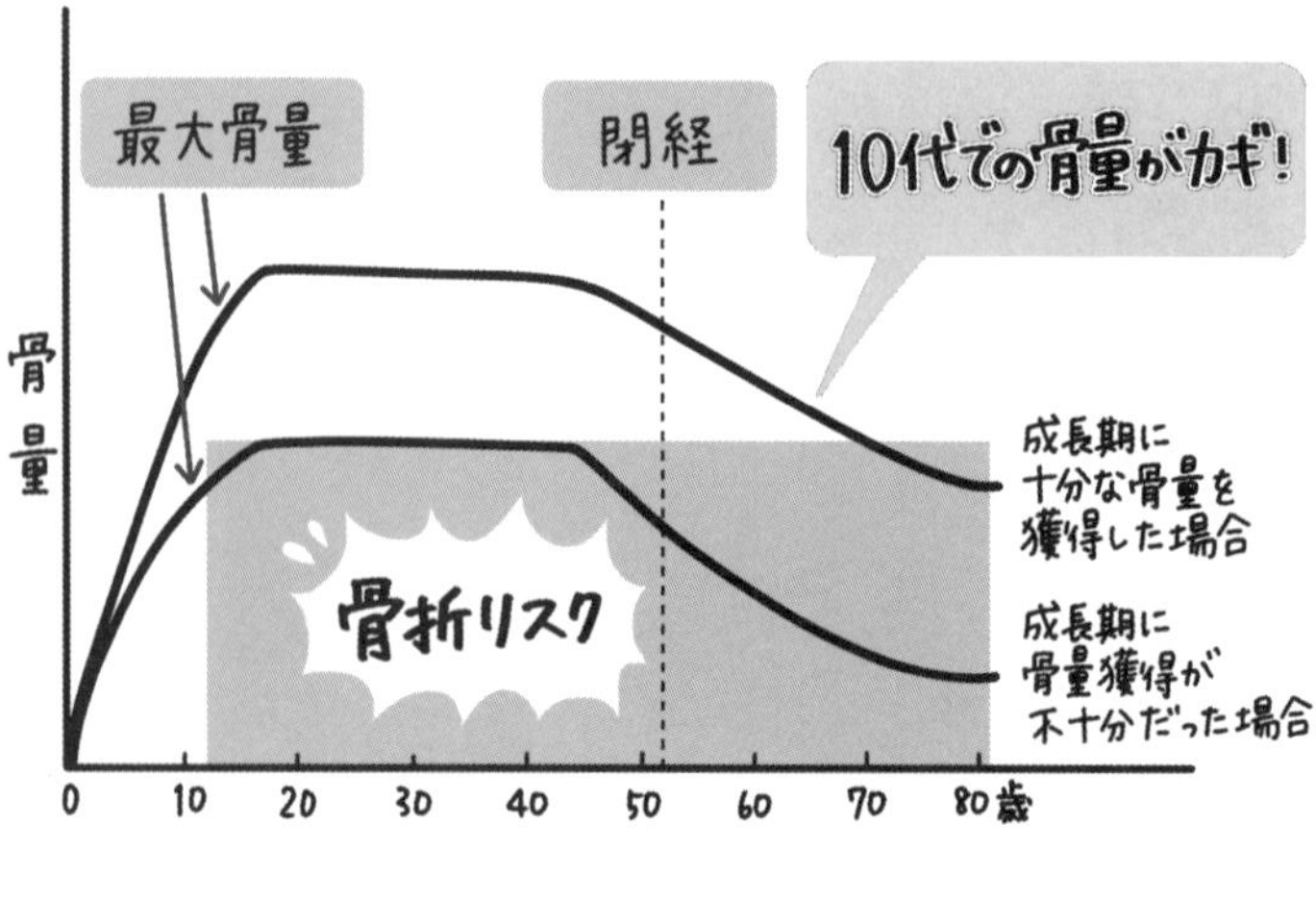

無月経はすぐには回復しません

残念ながら、私の元にも「月経が来ない」と相談しにやってくる女性アスリートが少なからずいます。中には、疲労骨折をしたという選手や、骨粗しょう症と診断された選手もいました。

過去の深刻なケースでは、何と6回も疲労骨折をしたことがあるというアスリートがいました。確認してみると、ハードなトレーニングをしながら食事制限をしており、長期の無月経を抱えていました。社会的に月経に対する関心が高まり、様々な情報が誰でも得られるこの時代でも、無月経でも治療をせずにトレーニングを続ける指導がスポーツ界でまだあるのかと、強いショックを受けるとともに、月経教育の必要性を改めて感じました。

この6回骨折した選手は、一年間病院に通って治療を続けても、月経は回復しませんでした。

無月経の治療の基本は、運動量か食事量、あるいは両方を見直し、エネルギー不足を回復させることです。それでも月経が来なければ、ホルモン療法が必要となります。無月経から回復するのは時間も労力もかかります。ですので、無月経にならないようにすることが大事なのです。

スポーツ選手の場合、競技をやめれば月経が回復することもあります。そのため、選手や指導者の中には、現役中は対処しないという人がいるという話も聞きます。しかし、前述した通り、無月経でスカスカになった骨は完全に元には戻りません。一生、弱くなった骨と付き合っていかなくてはいけなくなるのです。

「月経異常のため、1日練習を休んで婦人科にいく」ことは、競技で最高のパフォーマンスを目指している「今」だけを考えたら、日々のルーティーンから外れる行動で、面倒で時間の無駄に感じられるかもしれません。しかし、競技人生は数年〜数十年で終わります。それに対して、女性としての人生は、競技引退後も一生続きます。中長期的な目線で考えれば、身体の不調に向き合い改善することは、よりよい人生（＝ウェルビーイング）を実現するために大切なことです。

保護者や指導者の方々には、子どもの長い人生のことを考え、月経と向き合っていただきたいと切に願います。

人生の方が
長距離
GOAL
よい！次のステージ!!

② 無月経の防止と対処

消費した量のエネルギーは必ず補充してください

無月経の防止という観点でまず大切なのは、「体重を適正に保つこと」が何より大切です。

小学生くらいでも体重を極端に気にして、ダイエットに励む子どもがいます。スポーツに取り組んでいる場合、体操やフィギュアスケートなどの審美系の競技、陸上競技などで、体重増加を嫌がる子どもや、体重を増やさないよう指示する指導者も多くいます。

しかし、ここまで読んでくださった読者の方ならお分かりの通り、月経教育の観点からは、これはかなり危険です。消費した分のエネルギーは必ず補給してください。

スポーツ選手の場合、パフォーマンス向上の3大原則は、「①トレーニング」→「②栄養」→「③休養」です。女性アスリートの場合は、②栄養が特に大事です。激しい運動をしている場合は、3食以外にも補食をとるなどして、エネルギー補給をしてもらいたいと思います。

体重増加を怖がるジュニアの選手たちに伝えることがあります

しかし、特に「軽量神話」のある競技をしている選手の中には、単に「食べなさい」と伝えたとしても、どうしても「体重が増えるが怖い」と感じて、食べられない子どももいます。

そんな時私は、「無月経の状態でできるパフォーマンスは、〝エネルギー不足の状態〟での最大値に過ぎないよ。エネルギーに満ちた状態であれば、よりよいパフォーマンスが発揮できるはずだよ」と伝えます。もし、子ども自身が食事を増やしたくないと言っている場合、この言葉掛けを参考にしてもらえればと思います。

「健康のためにスポーツをする」とよく言われます。しかし、私は、「スポーツをするために、健康でいる」というのもまた真であると考えます。スポーツで最大限のパフォーマンスを発揮するために、そして長く続けるためにも健康であることは大前提です。

エネルギーの「好循環」がパフォーマンスをあげます

食べたほうがパフォーマンスがあがるというのは、科学的なエビデンスもあります。女子クロスカントリースキー選手を対象におこなわれた観察研究によると、「パフォーマンスに影響する因子は体脂肪率とトレーニング量であり、体脂肪率は炭水化物・タンパク質の摂取量が多い選手ほど低い」という結果が出ています（※1）。

つまり、食べなければ体脂肪率が下がりパフォーマンスがよくなる、なんてことはないのです。この研究では「若年女性アスリートの体組成を変える戦略として、栄養摂取の制限は良い戦略ではない可能性があることを示唆している」と結論づけています。

大切なのは炭水化物・タンパク質などのエネルギーを適切に食事から摂取し、得たエネルギーでトレーニングを積み、また食事をしてエネルギーを補給するという「循環」です。食事のバランスが崩れると、その好循環も崩れてしまいます。

しっかりと食べてしっかり身体を動かす。この積み重ねが、健康で元気に過ごすため、スポーツに励むためにも重要です。

※1　Oona Kettunen et al., Nutritional intake and anthropometric characteristics are associated with endurance performance and markers of low energy availability in young female cross-country skiers, J Int Soc Sports Nutr.;20(1):2226639, 2023.

進み続けるためには
「健康」も「スポーツ」も
両方大事！
人生
健康
スポーツ

食事制限から摂食障害になることもあります

極端な食事制限は、摂食障害を引き起こす危険もあります。摂食障害とは、「食事を受け付けられなくなる」「人前では食べられないのに夜中に起きて食べてしまう」「暴食と、体重増加を防ぐための代償行動（＝嘔吐など）を繰り返す」など、健全な食習慣に障害をきたす精神疾患のことです。摂食障害は自分の意思でおこなうダイエットとは異なり、自分で症状をコントロールできない、れっきとした病気です。

特に体重制限のあるスポーツ、あるいは

タイム伸びてないぞ！
もっと体しぼろうか
食べたくない…

「軽量神話」があるスポーツをしている子どもの場合、短期間でハードな運動をして急速に減量したり、厳しい食事制限をしたりなど、摂食障害を引き起こすきっかけが通常よりも多く存在します。

どうしても減量しないといけない場合は「ゆるやか」にしましょう

スポーツに取り組んでいて、どうしても大会などに向けて減量が必要な時には、細心の注意を払いながらおこなってください。食べずに急激に減量するのは避けていただきたいと思います。しっかりと食べて健康状態を維持しながら、「ゆるやか」に減量することを心掛けてください。「減量中こそ食事が重要」であることを意識し、必要なエネルギー量を計算して摂取すること、栄養バランスのよい食事をとることに配慮していただければと思います。

また、食べるタイミングも重要です。運動直後に栄養を補給することで、筋肉のエネルギー補充や回復につながります。練習30分以内にエネルギー補給することを意識しましょう。

以前、スピードスケートのジュニア世界選手権に帯同した際、強豪国であるオランダの選手たちが、競技終了後に靴を脱ぎながらサンドイッチを食べはじめる姿を目にして感心しました。それくらい、エネルギーを使ったらすぐに補給することを当たり前にしてほしいと思います。すぐに摂取できるエネルギーゼリーやバナナなどを用意しておくのがおすすめです。

保護者や指導者は「ストッパー」を自覚しましょう

月経異常になったり摂食障害を発症したりするほど過度な食事制限をしてしまう人は、完璧主義・徹底主義の傾向が見られやすいとも言われています。理想の自分があり、ちゃんとやらなきゃ、と思う気持ちが強すぎて、結果自分の体が壊れるまで頑張ってしまうのです。

特にスポーツに取り組む子どもの場合、往々にしてそれは指導者など、大人からの体重制限の指示がきっかけになって起こります。どうしても子どもが体重制限をしなくてはいけないならば、「目標体重に到達するかどうか」という結果だけに目を向けるのではなく、きちんとエネルギーを補給しながら、少しずつ減量できているかなど、その方法や過程を注視する必要があります。

ストイックな子どもが結果を求めて過剰な行動に陥っている場合は、ストップをかけることも、指導者の大切な役割です。

異変がある場合はメンタル面も診てもらえる病院をおすすめします

無月経は３ヵ月以上月経がないことです。しかし、もしスポーツをしている子どもが体重制限をしていて、体に次のような異変があらわれたら、できるだけ早く、３ヵ月を待たずに病院にいってほしいと思います。

①体重が減少し続ける
②月経周期の乱れ
③整形外科にかかるような痛み（＝疲労骨折が疑われる）

特に注意すべきなのは、体重や体型・見え方を極端に気にしている子どもです。このような場合は、フィジカル面だけでなく、メンタル面も診てくれる女性アスリート外来にかかることをおすすめします。

「3主徴」から「RED-S」の時代に変わっています

本章の最後に、スポーツ活動をする人のエネルギー不足については、広い視点から見れば、無月経だけでなく、様々な危険があることを付記しておきたいと思います。

繰り返しになりますが、エネルギー不足は、女性の無月経と骨粗しょう症を引き起こします。この問題については、1990年代にアメリカのスポーツ医学会が「女性アスリートの3主徴(Female Athlete Triad=FAT)」という定義を提唱して警告し、日本でも関係者の間で広まってきました。主徴とは「症状」といった意味の言葉で、女性アスリートの3主徴を図にすると、下の図のようなものになります。

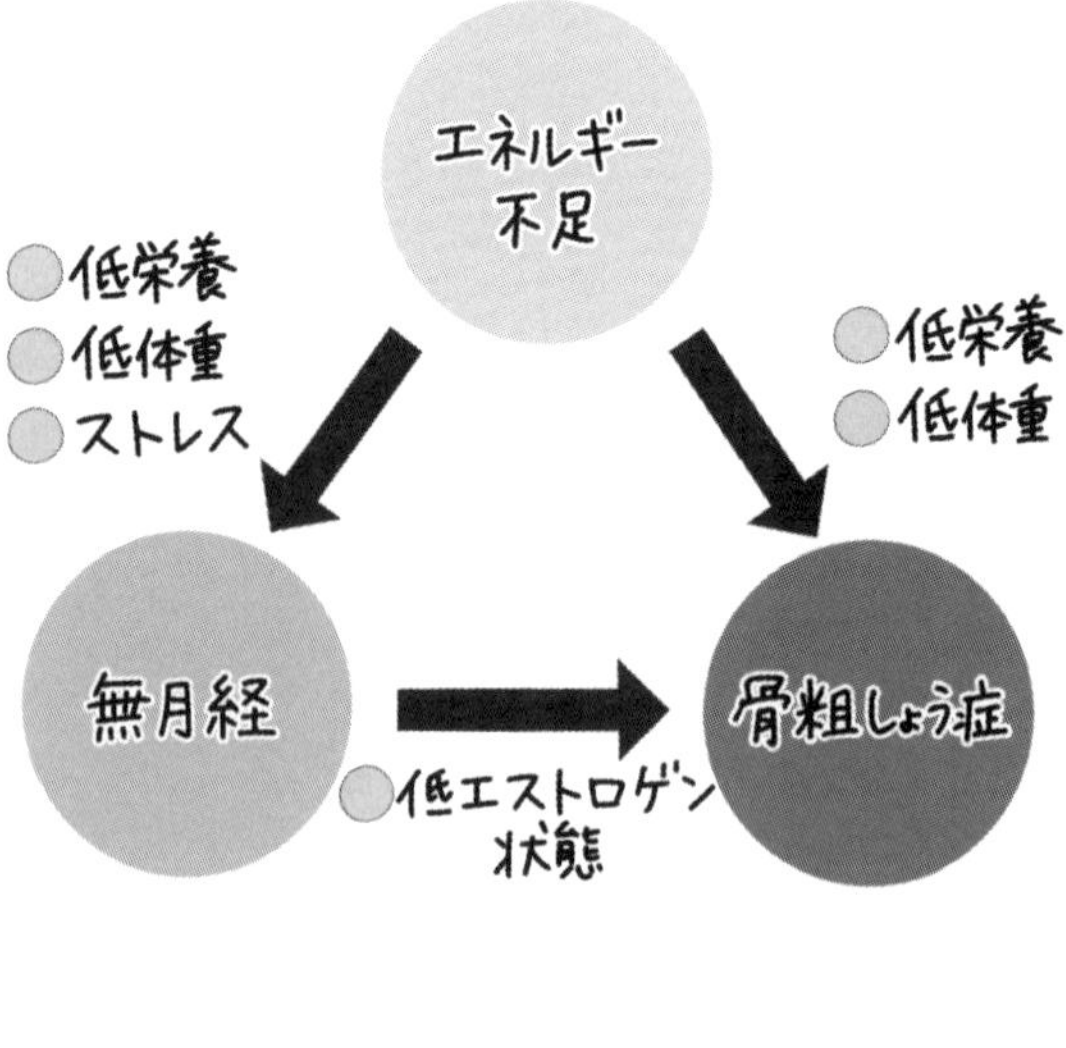

エネルギー不足
低栄養
低体重
ストレス
低栄養
低体重
無月経
骨粗しょう症
低エストロゲン状態

しかし、エネルギー不足は、実は女性のみにとどまらず、男性を含めたすべてのスポーツ活動をする人の健康を害するものです。スポーツ活動をする人のエネルギー不足について、国際オリンピック委員会（ＩＯＣ）は、２０１４年に「スポーツにおける相対的エネルギー不足（Relative Energy Deficiency in Sport=RED-S）」という概念を提唱しました。

これは、すべてのアスリート、パラアスリートが、エネルギー不足に陥ることで、下の図のように、発育発達、精神、心血管系、消化器系、免疫系などといった様々な面で悪影響を受け、結果的にパフォーマンスが低下するというものです。

最新のスポーツ科学では、ＦＡＴは次ページの図の通りRED-Sの一部と捉えられるようになってい

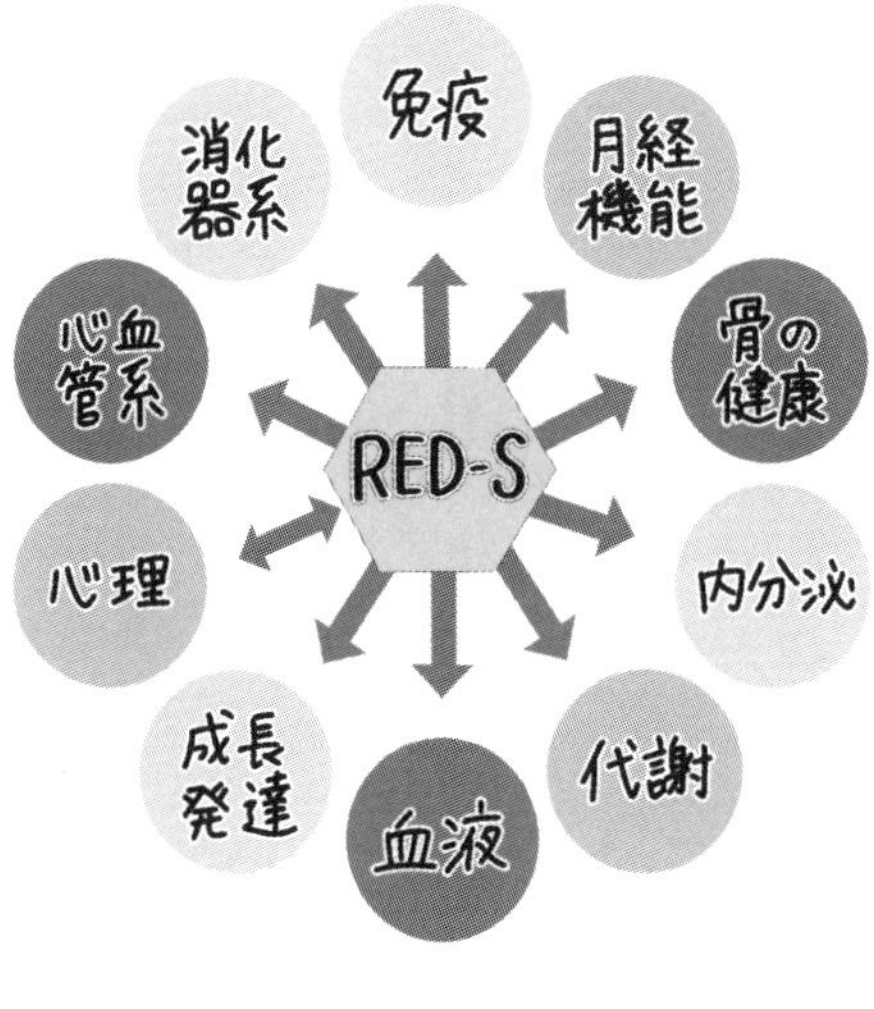

ます。つまり、エネルギー不足は、女性の「無月経」と「骨粗しょう症」を引き起こすという観点のみで問題なのではなく、もっと広く、性別を問わずすべてのスポーツ活動をする人にとっての問題であると捉える必要があるということです。

本書を読んでいる保護者や指導者の方々には、ぜひこの点を踏まえて、日々のスポーツ活動の指導・サポートに生かしていただければ幸いです。

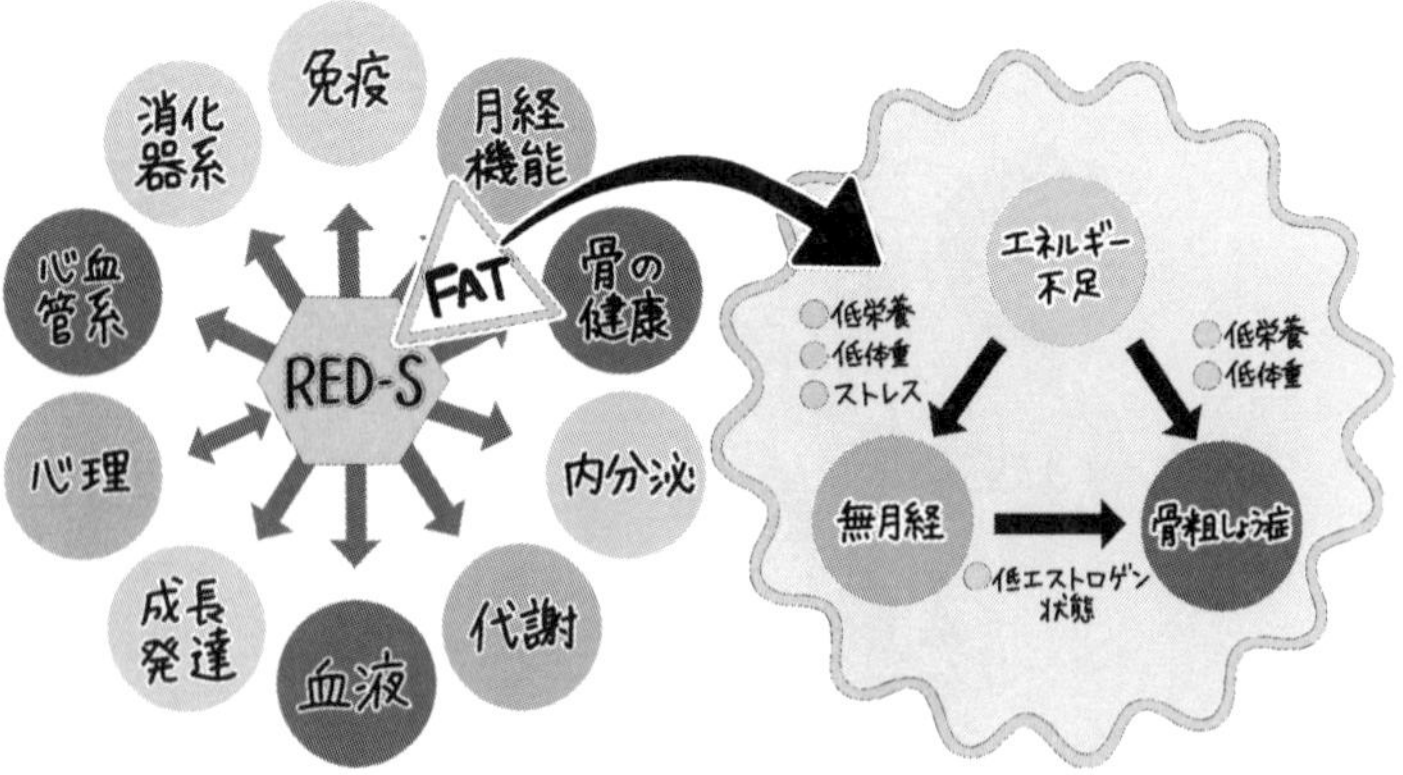

第5章のPOINT

- 無月経（初経発来後、90日以上月経が来ない）には最大限の注意を！
- 無月経が長期化すると、疲労骨折のリスクとなり、最悪は骨粗しょう症を招く
- エネルギーをしっかりとることが大切（スポーツ選手はRED-Sを頭の中に入れて）

おわりに

月経教育がひらく未来

最後までお読みいただき、ありがとうございました。この本には、これまで私が少しずつ培ってきた月経に関する学びとサポートのエッセンス、そして皆さんの日々の助けになりたいという気持ちを込めたつもりです。いかがでしたでしょうか。

私が現在の仕事をはじめたのは、今から15年前ほどのこと。当時の日本のスポーツ界では、女性アスリートのサポートの重要性は現在のようには認識されていませんでした。月経に関しては、競技を問わず、選手や指導者から「月経が来なくなるくらいまでハードに練習するのが当たり前」という言葉を聞くようなこともありました。

ですが、当時すでにスピードスケートでは、女性アスリートのサポートの重要性に対する理解がありました。私は科学スタッフとして活動しており、女性アスリートに関する資料の作成やジュニア女子選手のサポートを通じて、女子選手の現状を伝えました。すると必要な予算やプロジェクトとして活動できる環境を整えてくださいました。

現在のスピードスケート界には、42ページで紹介した髙木美帆選手や佐藤綾乃選手など、私の講義を何度も受けている選手がたくさんいます。何度も受講する選手がいるのは、JSFがそれだけ月経を知ることの大切さを認識し、ジュニアからシニアまで多くのアスリートが受講できるよう、活動を推進してくださっているからです。現在では、シニア選手だけでなく、小学生の「ノービス世代」の選手たちに対する講義の機会や、男子選手を含めたエリートアカデミーでの講義もあり、次世代の育成にも力点が置かれています。

近年、日本の女子スピードスケートは、オリンピックや世界選手権での多くのメダル獲得や、記録更新など、目覚ましい躍進を遂げています。これには、選手や指導者、スタッフの想像を絶するほどの努力はもちろんのこと、JSFがいち早く先進的に女性のサポートに取り組んできたことも大きいのではないかと考えています。

労働人口が減る中で、日本の社会全体でも、女性の社会進出の重要性が問われています。月経教育で、性別を問わず月経についての理解が進み、女性たちのQOL（＝日常生活や人生の質）も上がることで、誰もが活躍しやすい社会を実現できるのではないでしょうか。とりわけ、子どものころから月経について学び、自立することは、将来の日本社会の「ウェルビーイング」に大きく貢献できるはずと考えています。

本書の最後に、月経教育をする上での「コツ」をお伝えしたいと思います。それは「人と比較しないこと」「一喜一憂しないこと」の2つです。

アスリートでも指導者でも、測定データを人とくらべてよいか悪いかを気にしたり、結果に一喜一憂したりする姿をよく見ます。アスリートでなく一般の人や子どもでも、日常生活や学校生活で他者と競争したり、結果を比較したりすることはよくあることでしょう。しかし、身体や体調には、大きな個人差があります。どうありたいか、どうなりたいかも人によって違います。ですから私は、人とくらべず、自らの身体に自分で耳を傾けて様子を確認すること、自分の身体を理解することが、コンディショニング(体調管理、ベストの状態に調整していくこと)では重要だということをアスリートたちに繰り返し伝えています。

加えて大切なのは、できた、できないに、一喜一憂しないことです。例えば、月経を記録するとして、一日くらい測定を忘れたとしても大したことではありません。継続していくこと、まずはやってみることが大切なのです。記録ができたのなら、一歩コンディショニングに踏み出せたということですから、素晴らしいことです。たとえ月経不順になってしまったとしても、それに気が付けたこと、対処をしなきゃと思えたならば、それも素晴らしいことです。なぜなら自分の身体に向き合えた、自分の身体の状況に気がつけたということですから。

できた、できない、よい、よくないということだけで判断せず、一喜一憂せずに、長い目で見て、自分自身と月経に向き合っていくことが最も大切なのです。

この本をつくるにあたり、時事通信社の皆様には大変お世話になりました。編集の大久保昌彦さんは、刊行のご相談をした当初から、とても熱い想いで力を注いでくださいました。大久保さんの熱意に支えられて、ここまで来ることができました。佐藤真紀さん、新井麻友さんには、内容に共感したり率直な反応をいただいたり、支えていただきました。また、出版につないでくださった燕昇司卓史さんにも感謝申し上げます。皆さま本当にありがとうございました。

そして、サポートを通して私を育ててくれたアスリートの皆さま、関係者の皆さまにも感謝申し上げます。ＪＳＦ関係者のみなさま、スピードスケート強化育成ディレクターの湯田 淳さんには、女子選手サポートの様々な基盤を整備していただきました。今回の執筆にあたり、多くの選手が「本を楽しみにしています！」と言ってくれ、大変励みになりました。

医学監修をしてくださった女性クリニックＷｅ！ＴＯＹＡＭＡの鮫島 梓先生は、日頃のご指導に加え、本書に強く共感してくださり、お忙しい中で数多くのご指導をいただきました。深く感謝申し上げます。

また、これまでアスリート共々ご指導いただいております、国立スポーツ科学センターの能瀬さやか先生、指導教官として長年にわたりご指導くださった、筑波大学名誉教授の目崎 登先生に深く感謝申し上げます。

友人や中高時代の同級生にもアドバイスや励ましをいただきました。母親となった仲間たちの言葉は大変貴重で、パワーをいただきました。

そして何より、日々の仕事に加え、本づくりに頭を悩ませながら向き合う私を、夫が様々な場面で支えてくれたことに、改めて感謝いたします。

私がたくさんの人に支えていただいてここまで来られたように、私も、ほんの少しでも読んでくださった方々のお力になれたら嬉しく思います。

感謝を込めて。

2024年1月　鈴木なつ未

著 鈴木なつ未
（すずき・なつみ）

拓殖大学国際学部准教授。筑波大学大学院人間総合科学研究科スポーツ医学専攻修了。博士（スポーツ医学）。（独）日本スポーツ振興センター国立スポーツ科学センター、筑波大学 Research & Development コア、（公財）日本スポーツ協会で研究員として、長年にわたりトップアスリートのコンディショニングに関する研究やサポート等に従事。2021年に拓殖大学へ。（公財）日本オリンピック委員会強化スタッフ、（公財）日本スケート連盟スピードスケート科学スタッフ、（公財）全日本柔道連盟科学研究部員等を務め、2008年北京、2012年ロンドン五輪では、スタッフとして現地で活動。ジュニアからトップまで、これまで数多くの女性アスリートの月経に関するサポート活動をおこなってきた。

医学監修: 鮫島 梓(医学博士)

女性クリニックWe! TOYAMA 婦人科　KUROBEアクアフェアリーズ　女性コンディショニングドクター

イラスト: はしもとあや

イラストレーター・漫画家・ライター。社会や地域のものごとを、なるべく多くの方が身近に想像しやすいよう、イラスト・漫画・文を制作しています。文章や資料を読み解きながら、よい未来のイメージにつながるアウトプットをつくることが持ち味です。

真剣に生理の話をしよう

子どもの自立につながる月経教育

2024年3月25日　　初版発行

著者　鈴木なつ未
発行者　花野井 道郎
発行所　株式会社時事通信出版局
発売　株式会社時事通信社
〒104-8178　東京都中央区銀座5-15-8
電話03(5565)2155 http://book.jiji.com

デザイン　大﨑 奏矢
印刷・製本　中央精版印刷株式会社
編集　大久保 昌彦　佐藤真紀　新井麻友

落丁・乱丁はお取り替えいたします。定価はカバーに表示してあります。
※本書のご感想をお寄せください。宛先はmbook@book.jiji.com

ISBN978-4-7887-1896-8 Printed in Japan